JUST MENTAL 결국, 멘탈

박세니 지음

**과거 현재 미래
생존을 위해 반드시 익혀야 할 기술**

차선책

JUST MENTAL

결국, 멘탈

박세니 지음

CONTENTS

추천사 ———————————————— 8

프롤로그
마음의 방향이 인생의 결과를 결정한다 ———————— 14

1부. MONEY
부와 멘탈의 본질

부자는 누구인가: 과연 어떤 사람이 부자가 되는가? 19

부자의 지갑을 열게 만드는 멘탈 세팅법 33

영업이 인생의 원죄를 벗게 해준다 54

아직도 영업에 대해 부정적이라면, 부자가 되기를 포기하라 64

성공한 사람들의 공통점: 모두 영업의 고수였다 77

● 부자 마인드 점검 체크 리스트 ———————————— 84

2부. WORK
증명하지 못한 모든 것을 거부하라

진짜를 증명하는 것은 결과다: 위대한 영업인의 길	91
하는 일마다 1등이 되는 나만의 법칙	103
업계 최고의 지식 노동자가 되어라	113
구매 의사가 없는 사람에게 파는 기술	128
당신의 직업, 진짜 전문직인가?	144
● 셀프 노트	154

3부. LIFE
멘탈 실전 훈련법

하루도 쉬지 않고 훈련하라	161
고객에게 거절당할수록 강해지는 법	185
본질의 언어로 말하라: 고객에게 최면을 거는 법	202
자신을 신의 경지로 끌어올리는 법	208
● 긍정 노트	240

4부. FUTURE
멘탈은 침묵 속에서 강해진다

대도무문(**大道無門**): 누가 뭐라든 내 갈 길을 간다	247
내가 '멘탈이 전부'라고 말하는 이유	252
AI 시대, 질문이 곧 멘탈이다	261
CEO를 위한 멘탈 관리법: 기업과 나를 지키는 7가지 실천법	274
기업과 자기 자신을 모두 구할 수 있는 멘탈 관리법	281
● CEO 멘탈 관리 노트	288

에필로그
당신이 후손에게 남길 유산은 '멘탈'이다 ───── 294

부록
DAY 01~21 멘탈 필사 노트 ───── 300

추천사

나는 오랜 시간 동안 수많은 금융전문가, 보험영업인, 세일즈 리더들과 함께 걸어왔습니다. 그중에 진짜 '성공한 사람들'은 한결같이 한 가지 공통점을 가지고 있었습니다. 바로 '진심'이었습니다. 사람을 대하는 태도에서, 고객의 삶을 대하는 책임감에서, 그들은 단순히 물건을 파는 사람이 아니라 '삶의 가치를 전달하는 사람'이었습니다.

이 책의 저자 박세니 작가는 그런 진심을 누구보다 깊이 이해하고, 또 실천해온 사람입니다. 나는 그를 수년간 지켜보며, 말뿐인 사람이 아니라 '삶으로 증명하는 사람'이라는 확신을 가지게 되었습니다. 이 책에는 그런 박세니 작가의 뜨거운 현장 경험과 수많은 실패와 돌파의 기록, 그리고 그 과정 속에서 길어 올린 영업 철학이 고스란히 담겨 있습니다.

『결국, 멘탈』은 단순한 매뉴얼도, 평범한 성공담도 아닙니다. 읽는 이로 하여금 스스로의 삶을 되돌아보게 만드는, 그리고 '나도 할 수 있겠다'는 용기를 심어주는 살아있는 교과서입니다. 책을 덮고 나면 가슴이 뜨거워지고, 당장 내 고객에게 진심을 담은 인사를 건네고 싶어지는 그런 책입니다.

이 책은 단순히 돈을 버는 법을 알려주는 책이 아닙니다. 사람과 사람 사이의 신뢰, 그 안에서 피어나는 성장, 그리고 그 결과로 따라오는 부의 본질을 꿰뚫는 책입니다. 이 책을 통해 많은 이들이 '진짜 부자'의 의미를 다시 정의하게 될 것이며, 나 또한 다시금 초심을 되새기게 되었습니다.

박세니 작가는 앞으로 대한민국 세일즈 현장에 큰 울림을 줄 사람입니다. 그리고 이 책은 그 시작이자, 많은 이들에게 전환점이 되어줄 것입니다. 나는 확신합니다. 이 책은 누군가의 인생을 단단하게, 그리고 따뜻하게 바꿔놓을 것입니다.

- 곽근호(코스피상장보험사 에이플러스에셋그룹 회장)

추천사

나는 '영업'을 단순한 기술이 아닌, 사람의 마음을 움직이고 삶을 변화시키는 위대한 일이라고 믿어왔습니다. 그 믿음은 내 인생을 바꾸었고, 수많은 제자를 바꾸었으며, 지금도 여전히 내 가슴 속에 살아 있습니다. 그리고 오늘, 나는 박세니 작가의 이 책을 통해 그 믿음이 또 한 번 깊어지고 확장되는 것을 느꼈습니다.

『결국, 멘탈』은 단순히 영업하는 법을 알려주는 책이 아닙니다. 이 책은 우리에게 질문을 던집니다. "당신은 왜 영업을 하는가?", "어떻게 살아가고 싶은가?", "무엇을 위해 부자가 되고 싶은가?" 그 질문 앞에서 나는 고개를 숙였고, 진심을 다해 이 책을 읽어 내려갔습니다.

박세니 작가는 현장에서 수없이 부딪히며, 실패하고 일어선 경험을 가진 사람입니다. 그가 전하는 말 한 줄, 문단 하나하나는 가르치려는 교만이 아니라, 함께 걸어온 사람으로서 건네는 진심 어린 조언입니다. 그래서 이 책은 읽는 내내 편안하고, 동시에 묵직합니다. 실전에서 건져 올린 지혜, 사람과의 연결을 통해 얻어진 깨달음이, 독자의 마음 깊은 곳을 두드립니다.

이 책을 통해 나는 다시 한번 확신하게 되었습니다. 영업이란 '사람을 위한 일'이라는 것, 그리고 진심이 담긴 영업은 반드시 '삶 전체'를 바꿔놓는다는 것을 말입니다. 우리는 돈을 벌기 위해 영업을 시작할 수 있습니다. 하지만 '사람을 남기는 영업'을 할 때, 비로소 인생은 풍요로워집니다. 이 책은 바로 그 경지로 우리를 이끌어줍니다.

영업을 시작한 지 얼마 되지 않은 분들, 지금 이 길이 맞는지 흔들리는 분들, 혹은 이미 오랜 시간 현장을 누벼온 베테랑들 모두에게 이 책은 선물입니다. 마음이 지치고, 길이 보이지 않을 때 이 책을 꺼내 읽으시길 바랍니다. 그 안에 담긴 박세니 작가의 통찰과 따뜻함이 다시금 길을 밝혀줄 것입니다.

나는 박세니 작가가 앞으로 한국 세일즈 현장을 바꿀 인물이라 확신합니다. 그리고 이 책은 그 변화를 알리는 첫 신호탄이 될 것입니다.

- 조서환(모티베이터 저자 / 에이멘에이 CMO 사장 /
아시아마케팅포럼 회장 / 대한민국 1세대 마케팅전문가 /
애경 2080, 하나로샴푸 등 대한민국히트상품제조기)

추천사

"형, 진짜 중요한 게 뭔지 아세요?"

수많은 사람들이 내게 성공의 비결을 묻습니다. 콘텐츠 만드는 법, 조회수 올리는 법, 브랜드 만드는 법까지. 하지만 제가 단 한 번도 놓치지 않고 강조해 온 게 있습니다. 바로 멘탈입니다.

박세니 작가님의 신간 『결국, 멘탈』은 그런 면에서 제 인생의 퍼즐을 완성해주는 책이었습니다. 처음 이 책을 읽었을 때, 전 정말 깜짝 놀랐습니다. 이건 단순한 정신력이나 긍정적인 마인드를 말하는 게 아니었습니다. 세일즈 현장에서, 인생의 기로에서, 실패와 절망의 순간에서 진짜 살아남는 힘. 그건 결국 멘탈이라는 것을, 박 작가님은 너무나 명확하게, 현실적으로, 설득력 있게 보여줍니다.

박세니 작가님은 대한민국에서 손꼽히는 심리 전문가일 뿐 아니라, 수없이 실전에서 몸으로 부딪치며 성공해낸 자수성가형 인물입니다. 책을 읽다 보면 단순한 지식 전달이 아니라, 작가님의 삶과 땀, 깨달음이 고스란히 담겨 있는 것을 느끼게 됩니다. 이건 평범한 '심리 책'이 아닙니다. 영업을 하든, 창업을 하든, 콘텐츠를 만들든, 인생을 앞으로 밀어붙이고 있는 모든 사람들을 위한 생존 매뉴얼입니다.

무너지는 사람과 끝까지 가는 사람의 차이는 결국 멘탈에서 갈립니다. 멘탈이 약하면 배운 걸 써먹을 기회도 못 잡습니다. 반대로 멘탈이 강한 사람은 자신이 뭘 몰라도 계속 버티고, 배우고, 기회를 만드는 힘이 있습니다. 이 책은 바로 그 힘을 키워주는 '멘탈 트레이닝의 바이블'입니다.

제 유튜브를 구독하는 분들, 제 콘텐츠를 통해 한 발 더 나아가고 싶은 분들께 꼭 이 책을 권하고 싶습니다. 멘탈을 바꾸면 인생이 바뀝니다.

『결국, 멘탈』은 그걸 직접 보여주는 살아있는 증거입니다.

"형, 진짜 중요한 건 결국 멘탈이에요. 이 책 한 권이면, 앞으로 버틸 힘이 생깁니다."

- 김준형(카준형)

―――― 프롤로그 ――――
마음의 방향이 인생의 결과를 결정한다

많은 사람들이 스스로 선택한다고 믿지만, 실상은 외부의 기준에 끌려 살아간다. 사회가 정해준 성공의 틀, 타인의 시선, 비교 속에서 만들어진 욕망이 어느새 내 삶의 중심을 대신한다. 그렇게 사는 동안 우리는 점점 자기 삶의 방향을 잃고, 결국 남의 꿈을 좇는 삶에 갇히고 만다.

하지만 삶을 바꾸는 진짜 힘은 외부가 아니라 내 안에 있다. 자신이 무엇을 원하는지 정확히 알고, 그 기준을 흔들림 없이 붙드는 정신력, 그게 바로 인생을 바꾸는 힘이다. 나는 그 힘을 멘탈이라 부른다.

이 책에서 말하는 멘탈은 단순한 의지나 근성의 문제가 아니다. 그것은 선택의 순간마다 남이 아닌 나의 기준에 따라 움직일 수 있는 내면의 중심이며, 불확실한 상황에서도 마음이 흐트러지지 않게 잡아주는 감정의 방향타다. 삶이 복잡하게 느껴질 때, 대부분의 문제는 '해야 할 일'이 아니라 '어디를 보고 있는가'에서 비롯된다.

인생은 생각보다 단순하다. 방향이 바로 잡히면, 속도는 자연스럽게 붙는다. 삶을 간단하게 만들고 싶다면, 먼저 내가 무엇을 위해 움직이고 있는지를 명확히 하는 것부터 시작해야 한다. 그때부터 우리는 비로소 진짜 나로 살 수 있고, 남이 그려준 인생이 아니라 내가 선택한 삶을 살아갈 수 있게 된다.

이 책은 그런 삶을 위한 시작점이다.
스스로를 흔들림 없이 이끄는 사람,
타인의 반응보다 자신의 기준에 집중하는 사람,
그런 사람이 되기 위한 멘탈의 본질과 실천을 이 책에서 다시 풀어내려 한다.

부, 일, 관계, 미래 이 모든 영역에서 흔들림 없는 멘탈을 세우는 법.
당신의 마음이 어디를 향하느냐에 따라, 인생은 완전히 다른 궤적을 그리게 된다.

지금 그 마음의 방향을 다시 조정하자.

생각보다 더 빠르게, 당신 삶이 바뀌는 순간을 맞이하게 될 것이다.

2025년 7월

박세니

1부 MONEY

부와 멘탈의 본질

부자는 누구인가:
과연 어떤 사람이 부자가 되는가?

▎부자가 되는 법

부자가 되고 싶은가? 이렇게 물어보면 대부분의 사람들은 모두 부자가 되고 싶다고 답할 것이다. 그런데 어떤 이들은 꼭 부자가 되고 싶은 것은 아니라고 말하기도 한다. 이렇게 대답하는 사람들이 착각하는 것이 있다. 그들이 부자가 되고 싶지 않은 것이 아니라, 부자가 되는 데 필요한 지식이 부족한 것이다. 만약 그들이 부자가 될 수 있는 충분한 지식이 있었다면 당연히 부자가 되었을 것이다. 사실 그런 지식이 없는 것을 에둘러서 자신은 부자가 될 마음이 없었다고 표현하며 부자가 못 된 것을 애써 정당화한다. 이 세상에서 돈이 최고는 아니라고 하면서 말이다. 이런 사람들을 볼 때마다 깊은 연민을 느낀다. 그리고 동시에 너무나 답답함을 느낀다. 지식을 갖춰서 풍요롭고 행복한 삶을 살 수 있음에도 지식 없이 살다가 결국 삶을 고통으로 느끼고 내가 어쩔 수 없는 것이 인생이라고 생각하면서 살아가고 있으니 말이다.

자본주의 세상을 살려면 돈은 반드시 필요한 것이다. 돈을 버는 데 필요한 충분 지식을 못 갖춘 사람들은 돈에 대해서 부정적인 입장을 갖고 살아가며, 아마 그들의 부모들도 그러했을 것이다. 돈을 벌기 위한 지식이 부족했음을 인정하지 않기에 궁핍한 자신과 달리 돈이 많은 타인들을 보면 당연히 부아가 치민다. 가난한 자와 부자는 지식 차이로 결정된 것임을 끝내 이해하지 못하면 계속해서 부자들을 미워하고 시기 질투하게 된다. 그나마 심성이 고운 가난한 사람들은 돈이 세상의 최고가 아니라고 말하는 것 같다. 나 역시 돈이 최고라고 말하는 사람이 아니다. 하지만 젊어서부터 돈은 충분히 잘 버는 사람이었고 자수성가한 부자로 살아오고 있다.

자, 다시 한번 묻는다.

부자가 되고 싶은가? 무조건 그렇다고 하라.

아니라고 해봐야 당신은 정말 불쌍한 사람일 뿐이다. 부자가 되고 싶었지만, 아직 부자가 못된 이유는 무엇일까? 그건 당신이 부자가 되는 데 필요충분조건인 지식을 갖추지 못했기 때문이다. 부자가 되는 데 필요한 지식을 갖추지 못한 채 계속해서 노력해 봤자 절대 부자가 되지 못할 것이다. 아직 부자가 못 되었다면 현재 지식이 부족하다는 것을 인정하라. 내가 이 책에서 절대적으로 확실하게 부자가 되는 방법을 알려줄 테니 그 법칙들을 삶에서 그대로 실천하라. 그럼 지금까지 바뀌지 않았던 당신의 삶이 바뀌게 될 것이다. 당신만 부자가 되는 것이 아니라 당신의 자녀와 그 후손들까지 반드시 부자가 될 것이다.

▍인생에 한 번쯤 '개척하는 사람'으로 살아보자

내가 여기서 말하고자 하는 개척자는 그저 남들이 가지 않은 길을 가거나 새로운 사업 아이템을 떠올리는 사람에 국한되는 것이 아니다. 진짜 개척자는 **'나의 경계'를 넘는 사람**이다. 자신이 익숙한 관계, 익숙한 수준, 익숙한 시장에서만 움직이는 사람은 개척자가 될 수 없다. 내가 지금 상대하고 있는 고객의 수준이 곧 내 수준이다.

부자가 되고 싶다면 반드시 부자 고객들을 만들 수 있어야만 한다. 그런데 부자들을 어려워하거나 심지어 두려워하는 사람들이 종종 있다. 부자들에 대해서 막연한 동경을 넘어서 나와 다른 경지에 있는 사람이라고 생각하면서 다가가기 힘들어하는 사람들 말이다. 그러나 그렇게 한발 물러서는 순간, 당신은 개척자의 삶에서 멀어진다. 부자는 단지 돈이 많은 사람이 아니라, 새로운 시장의 문을 여는 열쇠이기도 하기 때문이다.

나는 지금까지 수많은 부자들을 만나왔다. 그리고 그들의 마음을 이해하고, 고민을 해결해주며, 함께 거래를 성사시켜온 경험이 있다. 그 과정에서 느낀 것은, 부자도 사람이라는 단순한 사실이다. 다만 그들은 더 많은 정보에 노출되어 있고, 더 본질적인 기준으로 판단하고, 더 강한 결단력을 갖고 있을 뿐이다.

그들은 단순히 운이 좋았던 게 아니다. 물론 상속으로, 주식으로, 부동산으로 부자가 된 이들도 있다. 하지만 내가 진짜로 존경하는 부자는, 지식의 힘으로 부를 이룬 자수성가한 사람들이다. 혹은 조상에게 물려받은 자산을 본인이 노력해서 얻은 지식으로 더 크게 키운 사람들이다.

나는 가난한 집에서 자랐지만, 젊은 시절부터 '지식'이라는 무기를 들고 세상에 나섰다. 지식 중에서도 '본질적인 지식' 즉, 인간의 심리, 무의식, 선택, 인생의 가치와 같은 문제들을 깊이 파고들었다. 그리고 그것을 삶과 비즈니스에 직접 연결시켜 결과를 만들어냈다. 이 지식을 그저 머릿속에만 머물러 있게 하지 않았다. 실전에서, 특히 부자들과의 거래 현장에서 강력한 힘을 발휘하도록 했다.

당신이 진정 개척자의 삶을 살고 싶다면, 지금 당신이 두려워하고 있는 사람, 당신이 주저하고 있는 시장, 당신이 기피하고 있는 고객을 정면으로 마주해야 한다. 그들을 이해하고, 그들을 상대하고, 그들의 문제를 해결할 수 있다면, 당신은 다음 스테이지로 진입하게 된다.

▌가치 있는 삶은 깊이 몰입한 순간들로 이루어진다

인생에서 가장 중요한 가치는 바로 깊은 몰입, 즉 **'고도의 집중과 몰입 상태'**다. 인간이 태어난 것도 남녀가 서로에게 온전히 집중하고 몰입했기 때문에 가능했고, 태어난 아기가 죽지 않고 살아남을 수 있었던 것도 부모가 아이에게 전적인 관심과 정성을 기울였기 때문이다. 우리는 살아오며 수많은 순간을 경험하지만, 시간이 지나 기억에 남는 건 대부분 '추억'으로 남은 장면들이다. 역시 그 순간 우리가 얼마나 온몸과 마음을 담아 보냈는지에 따라 추억이 된다. 결국 인생에서 의미 있는 모든 것은 이런 몰입의 경험을 통해 만들어지는 것이다.

나는 어릴 때부터 고도의 집중과 몰입 상태에서 인간의 모든 가치 있는 일과 중요한 일들이 벌어지는 것을 깨닫게 되었다. 사람들이 돈을 쓰는 경우도 상대가 제공하는 차별화된 서비스나 특별한 물건에 고도의 집중과 몰입 상태가 되어서 가능한 것이다. 그래서 이 세상에서 특별한 삶을 살고 있는 사람들은 자신의 분야에서 보통 사람들보다 타인을 고도의 집중과 몰입 상태로 만들 수 있는 사람들이다. 특별한 사람들은 타인이 고도의 집중과 몰입 상태에 빠질 수 있도록 제대로 노력한 것이다. 이런 관점으로 이 세상에서 잘 기능하고 있는 사람들을 분석하다 보면, 그들보다 더 고도의 집중과 몰입 상태를 정교하고 멋지게 만들어내는 삶을 살 수 있게 된다. 이런 본질적인 부분에 관한 생각은 살면서 정말 끊임없이 해야만 한다. 궁극적으로 본질적 지식이 가장 중요한 것임을 완전하게 느끼면서 살아가야지 제대로 된 삶을 살아가는 것이다. 결국 우리는 죽을 때 고도의 집중과 몰입 상태에서 만들어진 추억만 갖고 가는 셈이다. 이렇게 가장 중요한 가치를 남들보다 훨씬 더 많이 생각하고 그에 입각해서 삶을 살아가다 보면 필연적으로 멋진 삶을 산다.

▎우월감을 갖추어라

난 영업(특정 직업군이 아닌 거의 모든 업종의 사람들)을 하는 모든 사람들이 고도의 집중과 몰입 상태에 대한 이해를 완전하게 마스터해야 한다고 생각한다. 고도의 집중과 몰입 상태라는 가장 중요한 가치에 따라서 사람과 삶을 대하면 언제나 우월적인 감정을 느낄 수 있다. 영업은 우월적인 감정이 동반되지 않고는 일을 하기 힘들다. 기본적으로 우월하지 않은 사람이 어떻게 상대에게 영향을 미친단 말인가? 상대에게 어떤 영향을 미치기 위해 영업을 나갔다가 상대의 거절로 인해 오히려 안 좋은 영향을 받고 온다면 더 이상 영업을 할 수 없을 것이다. 그래서 사람들을 상대할 때 가장 중요한 **기준점**을 남에게 맡기지 말고 스스로 정해서 그것으로 상대를 대하는 자세가 반드시 필요하다.

가장 좋은 방법은 지금 내가 말한 고도의 집중과 몰입 상태를 기준점으로 사람들을 대하는 것이다. 당신이 영업을 남들보다 잘하는 사람이라면 당연히 내 말에 맞다고 수긍할 것이다. 월급 받는 사람들을 안 좋게 말하고 싶지 않지만 그들은 고도의 집중과 몰입 상태를 충분히 생각하지 않았기 때문에 월급을 받으며 살아가고 있다. 만약 매 순간 진지하게 세상을 고도의 집중과 몰입 상태로 분석하면서 살아왔다면 절대로 월급을 받는 정도로 살아갈 수 없다(충분히 월급을 받으면서 가족들과 행복하게 고도의 집중과 몰입 상태를 잘 만들어 가는 월급 생활자는 예외로 하겠다).

그래서 월급 생활자는 가장 본질적인 지식의 기준으로 평가해보면 초등학생과 같은 수준이라고 볼 수 있다. 그리고 월급을 주는 회사 대표, 사장들은 월급 생활자들보다 모든 수준이 높다고 보이지만 사실 돈을 버는 부분에 있어서만 월급 생활자들보다 더 우월한 정도다. 모든 면에서 월급 생활자들보다 우월한 지식이 있다고 할 수는 없다는 말이다. 실제로 회사 대표나 사장들 중에서는 월급 생활자들보다 더 스트레스를 받고 무게를 감당하지 못해 가족들과 불화가 심하거나 건강이 악화되는 경우도 있기 때문이다. 월급 생활자보다 돈은 좀 더 많이 벌어도 삶의 행복도는 오히려 떨어질 수도 있다는 이야기다. 고도의 집중과 몰입 상태라는 본질적 지식 관점에서 사장들은 월급쟁이보다 좀 더 높지만 그래도 중학생 정도의 수준을 하고 있는 경우가 많다. 월급 생활자보다 돈을 버는 능력 외 모든 면에서 더 우월함을 보이는 사장들은 흔치 않으며, 그런 사람들은 고등학생 정도로 보면 될 것이다.

살아가면서 내가 몸담고 있는 분야에 가장 필요한 본질적인 지식을 계속해서 생각하고 그것에 입각한 삶을 살아가려고 노력하면 최소한 대학생과 같은 수준으로 살아가게 된다. 현재 내 주변에는 월급 생활자들보다 사장이나 회사 대표들이 많다. 본질적 지식의 측면으로 중학생 내지 고등학생 수준이라 할 수 있는 이들은 내가 가진 지식을 이야기하고 도와주려고 하면 매우 관심을 갖고 이야기를 들으며 나를 인정하는 사람들이다. 하지만 월급 생활자들(초등학생)에게 중학생, 고등학생 수준으로 올라가고 싶지 않냐고 물어보면 별로 관심이 없어 한다. 이들은 하루하루 편하게만 살고 싶고 본질적인 지식과 같은 깊은 생각은 필요치 않은 것이다.

본질적인 지식에 입각해서 삶을 살아가라. 이 관점으로 세상을 분석한 뒤, 사람들에게 그 본질적인 지식을 사용해서 당신의 가치를 알려야 한다. 그럼 누구든 당신에게 마음을 열 것이고 영업을 하는 것은 너무나 쉽고 재미있는 일이 될 것이다.

▌성공하기 전에 돈을 쓰는 것은 부끄러운 일이다

수많은 젊은이들이 '잘 보여야 인정받는다'는 강박에 시달리고 있다. 명품 가방 하나쯤은 사회생활의 기본이 되었고, 100만 원이 넘는 최신형 아이폰을 들고 값비싼 카페와 유행하는 음식점을 찾아다닌다. 물론 돈을 쓰는 일은 정말 즐겁고 신나는 일일 수 있다. 그러나 제대로 된 성공을 이루기 전에 큰돈을 쓰는 것은 너무나 창피하고 안타까운 일이다.

나는 27살부터 매해 억대 소득을 한 번도 빠짐없이 이뤄냈다. '월 천' 정도가 아니라 훨씬 더 큰돈을 벌어온 것이다. 그런데 그 돈을 제대로 쓸 시간은 거의 존재하지 않았다. 돈을 쓰고 싶은 마음도 있었지만 돈 쓸 시간이 없었다. 말 그대로 아침부터 밤늦게까지 온종일 일을 하느라 돈을 쓸 시간이 부족했다. 난 술·담배도 전혀 하지 않는 사람이고 일하느라 친구들도 만나지 않았기에 정말 돈을 쓸 타이밍이 거의 없었다. 돈을 쓰는 재미보다 버는 재미에 완전히 푹 빠져서 살아왔던 것 같다. 돈을 쓰는 순간에는 잠시 좋은 기분이 들 수 있겠지만 돈을 쓰는 재미는 버는 재미에 비할 바가 못 된다.

타인의 문제를 제대로 해결해야 돈을 벌 수 있기 때문에 돈을 버는 행위 자체가 멋진 것이다. 그 누구보다 내 분야에서 사람들의 문제를 가장 최고로 해결할 수 있는 사람으로 살아왔기에 당연히 소득은 더욱 높아졌고 스스로에 대한 긍지와 자부심도 나날이 커졌다. 원래 돈을 쓰는 재미가 크지 않았기도 하지만 내 분야에 더 심취해서 최고로 증명해 보일수록 세상이 또 나를 가만 놔두지 않았다. 계속해서 일이 늘어가고 소개에 소개가 이어져서 더욱 열심히 일할 수밖에 없는 상황이 만들어졌다. 요즘은 돈을 좀 벌면 바로 쓰기 바빠 보이는 사람들이 많다. 돈 좀 벌었다고 바로 쓰는 재미에 빠져버린 사람은 조만간 사람들로부터 벌어들이게 되는 돈의 액수가 너무나 작아질 수도 있다.

돈을 충분하게 벌지도 못하는 능력 부족 상태에서 돈을 쓰는 쪽에 빠져버린 사람은 자신이 하고 있는 업에서도 열정이 없다는 것을 나타낸다. 남들이 자기 돈을 마음대로 쓰는 것을 두고 비난하고 싶지는 않다. 다만, 돈을 많이 벌게 되었을 때 거기서 멈추지 않고 더욱 최고로 몰입하여 자신의 일에 매달려 경쟁자들과 엄청난 격차를 벌려놨을 때의 쾌감을 많은 분들이 느끼기를 바란다. 일단 당신이 지금 하는 그 일에 100프로 몰입해보자.

▌돈보다 더 중요한 몰입과 열정

한 노인이 있었다. 그의 집 앞마당에 매일같이 아이들이 몰려와 시끄럽게 떠들며 놀았다. 처음에는 웃으며 넘겼지만, 시간이 지날수록 그 소란스러움이 견디기 어려울 만큼 성가시게 느껴졌다. 그래서 노인은 한 가지 묘책을 생각해 냈다. 아이들을 불러 이렇게 말했다. "할아버지는 너희가 우리 집 앞에서 노는 게 너무 좋구나. 앞으로도 계속 여기서 놀아다오. 그 대신 매일 3천 원씩 줄게." 아이들은 기뻐하며 매일 더 열심히, 더 자주 그 집 앞에서 놀기 시작했다. 그런데 노인은 며칠 뒤부터 점점 지급하는 돈을 줄이기 시작했다. 그리고 어느 날, 마침내 아이들에게 말했다. "미안하지만 이제는 줄 돈이 전혀 없구나. 그래도 계속 이곳에서 놀아주렴." 그러자 아이들은 돈을 안 주면 더 이상 여기서 놀지 않겠다고 단호하게 대답했다.

이 짧은 이야기에서 우리가 배울 수 있는 교훈은 명확하다.

아이들이 즐기던 '놀이'는 돈이라는 외부 보상이 개입된 순간, 본질적 즐거움이 사라지고 '돈을 받는 일'로 변질됐다. 즐거움은 사라지고, 거래만 남은 것이다.

내가 제공하는 서비스가 얼마나 가치 있고, 누군가의 삶에 얼마나 실질적인 변화를 줄 수 있는지 생각할 때, 가슴이 뛰고 일에 몰입하게 된다. 그런 몰입과 감동이 진짜 '열정'이다.

하지만 어느 순간부터 일이 잘되고 돈이 들어오기 시작하면, 그 열정은 쉽게 흐려진다. 고객을 바라보는 눈빛은 흐려지고, 도움을 주는 기쁨보다는 수입을 계산하고 쓰는 재미에 더 익숙해진다. 문제는 고객은 그 변화를 누구보다 먼저 알아챈다는 점이다. 열정을 잃은 설계사에게 고객은 등을 돌린다.

나 역시 돌아보면, 스스로 가장 멋지다고 느꼈던 순간은 나를 위해 일하지 않았던 때였다. 내 생계나 성과를 계산하지 않고, 오직 누군가의 문제를 해결해주는 그 일에 완전히 몰입했을 때, 나는 진짜 나를 만날 수 있었다. 그때 느낀 자부심과 존엄은 돈으로는 살 수 없는 것이다. 돈을 쓰는 걸 탓하려는 게 아니다. 문제는 타이밍이다. 몰입과 성실함이 먼저다. 성공은 그 결과다. 그러니 지금은 돈보다 일에, 일보다 사람에 몰입하자. 그리고 부자가 된 다음, 멋지고 품격 있게 돈을 써보자. 그때 우리는 단순한 소비자가 아닌, 진짜 어른이 되어 있지 않을까.

부자의 지갑을 열게 만드는
멘탈 세팅법

▎부자의 마음을 여는 실전 원칙

나는 20대 시절, 아무런 약속도 없이 대한민국 최대 규모의 기숙학원 원장을 직접 찾아갔다. 그곳에 있는 사람들은 내 아버지나 삼촌뻘이었고, 심리 수업이라는 개념조차 생소했던 시절이었다. 그 누구도 그런 수업을 들어본 적도, 구매할 의지도 없었다. 그럼에도 나는 단 몇 번의 만남으로 그들에게 수업을 판매했고, 첫 해에 억대 소득을 기록하며 집안의 빚을 모두 갚았다. 많은 사람들은 그 이야기를 들으면 이렇게 묻는다. "어떻게 그런 일이 가능했죠?" 내 대답은 단순하다. 상품이 아니라 **'나**

자신'이 무기였기 때문이다.

영업은 기술이 아니라 본질이다. 그리고 '구매 의사가 없는 사람', 특히 부자의 마음을 열고 싶다면, 당신은 상품을 들이밀기 전에 반드시 스스로를 본질에 맞게 세팅해야 한다. 대부분의 영업인은 "좋은 상품을 갖고 있으니 설명 좀 들어달라"고 접근한다. 하지만 부자들은 그런 방식에 긍정적으로 반응하지 않는다. "그건 당신 생각이고, 난 바쁘니까 돌아가라"고 말할 것이다. 이건 매정한 게 아니라 당연한 반응이다. 그들은 상품을 보지 않는다. 사람을 본다. 그리고 '이 사람이 누구인가'라는 질문에 확신이 들지 않으면 단 1초도 시간을 주지 않는다.

그렇기에 영업의 시작은 상품이 아니다. <u>내가 누구인지를 상대가 받아들일 수 있도록 만드는 것이 먼저다.</u> 상품 이야기를 꺼내기 전에, 누구도 부정할 수 없는 진리와 본질의 언어로 대화를 시작해야 한다. 예컨대 "세상은 문제 해결의 대가에게 기회를 준다", "모든 돈은 신뢰에서 시작된다" 같은 말이다. 이런 말들은 단순한 구호가 아니다. 상대방의 이성을 거치지 않고 마음에 직접 닿는 문장이다. 이 문장들이 나올 수 있으려면, 단순히 외워서는 안 된다. 매일 본질에 대해 사유하고, 직접 써보고,

내 입으로 말하는 연습을 거쳐야 한다. 이 본질의 언어가 자연스럽게 입에서 흘러나올 수 있을 때, 비로소 상대는 '이 사람은 다르다'고 느끼기 시작한다.

부자를 만나는 시점에, 당신은 철저히 포지셔닝되어 있어야 한다. 나는 어떤 문제를 해결하는 사람이고, 그 방식은 왜 독창적인지, 그리고 왜 지금 이 사람에게 필요한지를 명확히 말할 수 있어야 한다. 실제로 내가 부자들에게 접근할 때 사용했던 자기소개는 이런 식이었다. "저는 대한민국 학원계에서 단 한 번도 시도되지 않았던 심리수업을 만들어 첫 해에 억대 소득을 올렸습니다. 지금 제가 제안드리고 싶은 건 상품이 아니라, 그 원리를 함께 써보실 기회입니다." 이 정도 수준의 메시지를 짧게 던질 수 있어야, 상대는 당신에게 관심을 갖는다. 단 10초, 이 안에 '이 사람은 다르다'는 인식을 심어야 한다.

많은 사람들은 어떤 일을 시작하기 전에 '이게 과연 될까?'를 고민한다. 그 생각 자체가 자신과의 싸움이고, 시작 전에 스스로를 무너뜨리는 방식이다. 내가 제안하는 접근은 다르다. **'이 일이 과거에 누군가에 의해 실행된 적이 있는가?'**라는 질문부터 던져라. 있다면 나도 반드시 할 수 있다. 그 사람의 방식을 연구하고 실천하면 된다. 반대로 아무도 해낸 적이 없는 일이라면, 어떻게 하면 지금은 가능하게 만들 수 있을지를 고민하면 된다. 핵심은 '될까 안 될까'의 감정적 진동이 아니라, '가능성의 구조화'다. 가능성을 시스템처럼 분석하고 설계하는 사고방식이 없다면, 당신은 어떤 위대한 기회 앞에서도 주저앉게 된다.

영업에서 '설득'이라는 단어는 오히려 방해가 될 수 있다. 나는 이걸 '최면'이라고 부른다. 상대를 속이거나 조종하라는 뜻이 아니다. 본질의 말을 반복하며, 상대의 판단을 잠시 내려놓게 만들고, 나에 대한 경계심을 해제시키는 것이다. 그 결과, 상대는 '이 사람 이야기를 좀 더 들어보고 싶다'는 느낌을 갖게 된다. 설득은 대결이고, 최면은 공감이다. 내가 말하는 영업은 최면의 영역이다. 이 상태에 도달하지 못한 채 상품을 꺼내는 사람은, 거래가 아니라 거절을 받을 가능성이 더 크다.

내가 진짜로 강조하고 싶은 것 '철학이 없는 세일즈는 결국 무너진다'는 것이다. 하루 종일 바쁘고, 수십 명을 만나도 성과가 없는 사람은, 아직 스스로가 왜 이 일을 하는지 모르기 때문이다. 미국의 34대 대통령 드와이트 아이젠하워는 이런 말을 남겼다. "나에게는 두 가지 문제가 있다. 하나는 시급한 문제이고,

하나는 중요한 문제다. 그런데 시급한 문제는 전혀 중요하지 않고, 중요한 문제는 결코 시급하지 않다." 영업을 하면서 '내가 왜 이 일을 하는가'라는 중요한 질문에 답을 못 하면, 당신은 평생 분주하지만 단 한 번도 부자의 문을 통과하지 못한다.

부자의 마음을 여는 것은 제품이 아니라 당신 자신이다. 당신이 진리와 본질을 내면화한 사람이고, 철학을 가진 사람이며, 말하는 모든 문장이 구조와 깊이를 가지고 있다면, 부자는 당신을 무시하지 않는다. 그는 오히려 '이 사람이 내가 기다려온 사람일지도 모른다'고 느낄 것이다. 결국 부자의 마음을 열 수 있는 사람은, 상품의 전달자가 아니라 의식의 전달자다. 깨달음 없이 일하는 사람은 자기보다 낮은 사람에게만 상품을 팔며 살아간다. 그러나 깨달음을 갖춘 사람은 자신보다 훨씬 높은 수준의 사람들조차 설득 없이 이끌 수 있다.

당신은 어떤 사람인가? 상품만 들고 다니는가? 아니면 본질을 품은 사람인가? 부자의 마음을 열고 싶은가? 그렇다면 지금부터 이 모든 것을 연습하라. 진리의 언어를 말하고, 구조로 사고하고, 자신을 본질로 정렬하는 훈련을 시작하라.

당신이 진짜 '영업의 신'이 되기 위해서는 먼저 그 신이라는 자격을 증명할 철학이 있어야 한다. 부자에게 통하는 영업은 결국, 영혼에서 나오는 진심과 구조로 만들어지는 것이다.

죄인의 태도로 임하라

『평생 단 한 번의 만남』의 저자이신 임한기 씨는 동양생명에서 8년 연속 챔피언을 지낸 인물이며, 그의 저서를 통해 독보적인 영업 방식을 세상에 알린 바 있다. 그의 영업은 일반적인 1:1 방식이 아니었다. 10명, 20명, 심지어 30명까지 한 번에 모은 자리에서 단 10분 안에 상품 설명을 마치고 계약을 성사시키는 놀라운 속도의 집단 영업 방식이었다. 그런 그가 어느 날 여러 병원을 운영하는 자산가 병원장과 단독 미팅을 잡았다. 병원장의 책상 위에는 8개의 보험사 리플릿이 가지런히 쌓여 있었다. 대화는 시작부터 어긋났다. 병원장은 임한기 씨에게 귀를 기울이지 않았고, 오히려 자신이 비교 분석한 여러 보험 상품들을 20분 가까이 하나하나 설명했다.

그의 말을 묵묵히 들은 임한기 씨는 그제야 조용히 입을 열었다.

"말씀은 다 하셨습니까? 죄인에게도 말할 기회를 주시겠습니까?"

병원장이 고개를 끄덕이자 그는 책상 위에 놓인 리플릿을 조용히 가리켰다.

"이 자료들이 지금 책상 위에 있는 이유는, 결국 원장님께서 아직 어떤 상품도 계약하지 않으셨기 때문이겠죠."

그 말을 끝으로 그는 말없이 리플릿을 쓰레기통에 던졌다. 그리고 단 한 마디를 남겼다.

"상품 설명은 하지 않겠습니다. 다만 원장님이 저를 필요로 하신다면, 진심으로 함께하겠습니다."

그는 더 이상 어떤 설득도 하지 않았고, 오직 침묵으로 병원장의 눈을 마주했다. 몇 초 후, 병원장이 먼저 물었다.

"얼마 하면 됩니까?"

그는 담담하게 답했다.

"월 1,000만 원씩, 7년 납부하시면 됩니다."

그리고 그 자리에서 계약은 바로 체결되었다.

이 에피소드의 핵심은 상품이 아니다. 임한기 씨가 자신을 '죄인'이라고 표현한 것에 그 진짜 본질이 있다. 그는 업계 최정상에 있는 자신이 너무 늦게 왔기에, 그동안 찾아온 수많은 수준 낮은 설계사들로 인해 원장님의 귀한 시간을 낭비하게 만든 것에 도의적 책임을 느낀 것이다. 이 표현은 단순히 겸손의 말이 아니라, 자신이 업계 최고라는 확고한 자부심 없이는 절대 사용할 수 없는 어휘다. 자부심을 바탕으로 한 임한기 씨의 진심이 병원장의 마음을 움직였다. 그는 책임지지 않을 말들만 늘어놓는 설계사들에 지쳐 있던 참이었다. 그런 그에게 처음으로 정면에서 진정성을 보이며, 말보다 태도로 다가온 사람을 신뢰하기로 결정한 것이다.

사람은 본능적으로 누군가를 믿고 의지하고 싶어 한다. 그래야 생존할 수 있기 때문이다. 하지만 그런 신뢰를 이용해 단기적인 계약만 따내고 책임지지 않는 사람들이 업계를 망치고 있다. 그럼에도 불구하고, 진짜 책임감을 갖고 일하는 사람은 결국 누구와도 비교할 수 없는 결과를 만든다. 여러분도 반드시 기억하길 바란다. 책임감 없는 이들과 경쟁하지 마라. 그들과 자신을 비교할 필요도 없다. 대신 진짜가 되어라.

자신이 늦게 찾아간 것조차 '죄인'의 마음으로 사과할 수 있을 정도의 실력과 진심을 갖춰라. 그러면 당신은 더 이상 상품을 팔지 않아도 되는 순간을 경험하게 될 것이다. 당신이 해당 분야 최고라고 생각하고 그 진심을 상대가 느끼도록 한다면, 계약은 자연스럽게 따라오게 된다.

만날 사람이 없다고 말하는 이들에게

만날 사람이 없다고 말하는 영업인들이 있다. 그런 이야기를 들을 때마다 나는 그 말 속에 감춰진 두 가지 한계를 본다. 하나는 '지인 판매'에 대한 막연한 거부감이고, 또 다른 하나는 '지인'이라는 단어에 대한 제한된 인식이다. 이 장에서는 내가 생각하는 지인 판매의 본질에 대해 분명히 말하고자 한다.

"지인 판매는 좋은가, 나쁜가? 해야 하는가, 피해야 하는가?" 이 질문에 단정적으로 "좋다" 혹은 "나쁘다"라고 답하는 사람들을 보면 나는 안타까움을 느낀다. 왜냐하면 그들은 누군가 만들어놓은 단어의 틀 안에서 스스로 한계를 설정해 버렸기 때문이다. 지인은 그저 아는 사람을 뜻하는 단어일 뿐인데, 많은 사람들이 '지인'이라는 말을 초·중·고 동창, 고향 친구, 혈연처럼 과거로부터 이어진 인연으로만 받아들인다. 그러니 지인 판매는 곧 '가까운 사람에게 억지로 뭔가를 파는 불편한 방식'으로 받아들여지고 만다.

하지만 내가 생각하는 지인의 정의는 전혀 다르다. 내게 지인이란, **지금부터라도 내가 마음만 먹으면 새롭게 만들 수 있는 관계의 범주 전체**를 말한다. 예를 들어, 지금 당장 어떤 기업의 대표실에 들어가 대표와 대화를 나눈다면, 그 사람은 즉시 나의 지인이 될 수 있다. 이처럼 지인은 고정된 관계가 아니라, 마음과 행동으로 얼마든지 확장 가능한 대상이다. 그리고 이 사고방식이야말로 본질을 꿰뚫고 살아가는 사람들의 사고 구조다.

내가 10대, 20대였을 때는 부자 지인 따위는 없었다. 내 주변에는 대부분 평범하거나 경제적으로 고단한 사람들이 많았고, 그런 사람들에게 무언가를 판다는 건 나 역시 마음이 내키지 않았다. 그래서 나는 과감하게 일면식도 없던 대입학원의 부자 원장들을 찾아 나섰고, 그들에게 심리수업이라는 생소한 콘텐츠를 제안하며 나만의 길을 열었다. 그 덕분에 20대에 억대 수입을 벌 수 있었고, 지금의 기반을 만들 수 있었다.

만약 현재 지인 중에 이미 사회적으로 성공한 사람들이 있다면, 지인 판매를 반드시 해야 한다. 그것은 단순한 접근이 아니라, 가장 효율적이고 상식적인 전략이다. 그 지인을 통해 더 많은 기회를 만들고, 더 큰 영향력을 확장할 수 있기 때문이다. 결국 지인 판매의 문제가 아니라, 지인에 대한 개념 정의 자체가 핵심인 것이다.

사실 이 세상 모든 관계는 서로에게 타인인 상태로 시작되었다. 부모자식처럼 태어날 때부터 이어진 관계가 아닌 이상, 우리는 모두 낯선 사이였다. 하지만 반복적인 만남, 공감, 신뢰의 누적으로 우리는 누군가를 '지인'으로 받아들이게 된다. 그렇다면 지인을 과거의 사람들로만 한정할 이유가 없다. 새로운 지인은 앞으로도 계속 만들어낼 수 있다.

단, 한 가지 명심할 점이 있다. 단순히 지인을 늘리는 것이 곧 발전을 의미하지는 않는다. 중요한 건 '어떤 사람들과 지인이 되느냐'이다. 양질의 사람들과 연결되는 것을 게을리하는 순간, 그 사람은 정체되고 만다. 특히 경제적인 영역에서 이 문제가 더욱 치명적으로 작용한다. 스스로를 둘러싼 인간관계가 과거에만 머물러 있다면, 새로운 기회도, 새로운 자산도 만들어질 수 없다. 발전을 원한다면, 내가 만들어가는 지인 구조도 지속적으로 진화해야 한다.

만날 사람이 없다는 말은 세상의 모든 사람들이 사망한 것이 아닌 이상, 하면 안 되는 말이다. 만날 사람은 문 밖으로 나가기만 해도 수없이 많다. 사람은 태생적으로 부족하고 문제가 많다. 그러니 당신이 사람들의 그 각양각색의 수없이 많은 문제들 중 하나라도 제대로 해결할 수 있는 지식을 온전히 갖추었다면 당당하게 사람들의 문제를 해결하려고 만날 것이다. 당신을 만난 사람이 완전 초면일지라도 자신의 문제를 탁월하게 해결해줄 수 있는 당신을 결국에는 반기고 좋아하게 될 것이다. 즉, 만날 사람이 없다는 황당한 말을 읊조리는 사람은 문제 해결 지식을 쌓지 않은 게으르고 무지한 자일 뿐이다. <u>탁월하게 타인의 문제를 해결해낼 수 있는 사람이 되어라.</u> 그러면 만날 사람은 세상에 넘치고 넘쳐난다.

과일은 새로운 가지에서 열린다

나는 종종 인생을 자연의 섭리에 빗대어 설명하곤 한다. 나무에 열리는 과일은 대부분 새로운 가지에서 자란다. 기존의 오래된 가지는 풍성한 잎과 그늘을 제공할 수는 있어도, 열매를 맺는 데는 한계가 있다. 우리의 인간관계도 이와 같다. 오래된 관계는 정서적 안정을 줄 수 있지만, 새로운 기회는 대부분 새롭게 맺는 인연에서 탄생한다. 그래서 지금 이 순간에도 낯설고 어색한 만남을 기꺼이 시도하고, 그 어색함을 감수하며 신뢰의 여정을 밟아나가는 사람이야말로 진짜로 성장하는 사람이다.

기존의 인연을 아끼는 마음은 이해한다. 하지만 그것만으로는 부족하다. 발전하고 싶은가? 경제적 자유를 원하는가? 그렇다면 새로운 사람들과의 연결을 일상화해야 한다. 처음에는 어색하고 벽이 느껴질 수도 있다. 하지만 그 낯선 사람은 언젠가 당신이 믿고 의지할 수 있는 사람이 될지도 모른다. 그리고 그 관계가 당신의 다음 열매를 품고 있을 수도 있다. 지인은 이미 주어진 존재가 아니다. 지인은 내가 만들어가는 자산이다. 그리고 그 자산이 얼마나 건강하고 넓은지에 따라, 당신의 미래는 전혀 다른 풍경으로 펼쳐질 것이다.

사람에 대한 상처를 아물게 해줘라

가수 안치환 님의 《사람은 꽃보다 아름다워》라는 노래를 나누고 싶다.

사람이 꽃보다 아름다워
이 모든 외로움 이겨낸
바로 그 사람

누가 뭐래도
그대는 꽃보다 아름다워
노래의 온기를 품고 사는
바로 그대 바로 당신

나도 사람이 꽃보다 아름답다고 생각한다. 단, 조건이 붙는다. 이 노래의 가사처럼 자신이 소중하고 최고의 가치가 있다고 수없이 스스로 되뇌고 또 되뇌면서 행동으로 그 가치를 보여주고 실현한 사람만이 아름답다. 사람들은 대부분 자신에게 주어진 환경에 적응하고 굴복하면서 살아간다. 하지만 소수의 어떤 사람들은 생각의 힘, 정신의 힘을 강력하게 만들어서 기존에 주어진 좋지 않았던 환경마저 자신이 염원한 환경으로 바꿔버리기도 한다. 이런 사람들은 환경 탓을 하지 않고 매순간 자신이 원하는 것을 떠올리며 어떻게 하면 그것을 얻어내고 만들어낼 수 있을지에만 집중하고 몰입해온 사람들이다. 계속해서 자신이 원하는 것을 무의식에 새겨 넣는 '자기 최면'을 했고 그것을 이뤄줄 수 있는 사람들을 찾아다니면서 그들의 마음을 사로잡아 기회를 얻어내는 '타인 최면'을 성공시킨 것이다.

사람은 사람을 보면서 희망을 얻는다. 태어나자마자 의사의 도움을 받고 수많은 사람들의 보살핌을 받지 않으면 살 수 없는 것이 사람이다. 그렇기에 사람이라면 기본적으로 사람을 좋아할 수밖에 없도록 무의식에 프로그래밍되어 있다고 할 수 있다. 그런데 사람이라면 누구나 갖고 있는 사람에 대한 애정에 금이 가게 하고 훼손시키는 사람들도 꽤 많다는 것도 사실이다. 아무리 사람에 대한 상처가 클지라도 결국 그 상처를 회복하게 만들어 주는 것도 사람이다. 고객에게 그 사람이 되어주도록 하자.

▌계약보다 중요한 건 그 이후이다

영업인이 계약 후에 보이는 모습은 고객에게 깊은 인상을 남긴다. 그 인상이 신뢰가 되면 평생 고객이 되고, 실망이 되면 그 하나의 사건으로 인해 보험에 대한 인식 자체가 무너질 수도 있다. 나는 그 사실을 직접 겪으며 체감한 사람이다.

30대 초반, 당시 나보다 세 살 정도 어린 설계사에게 매월 300만 원이 넘는 고액의 보험에 가입했다. 계약할 때 그는 여러 번 말했다. 보험금 청구는 무조건 본인을 통해 하라며 나에게 자주 연락드리고 종종 찾아뵙겠다고도 했다. 그런데 2년쯤 지났을 무렵, 나는 기숙학원에서 강도 높은 일정으로 심리수업을 진행하던 중이었다. 하루 10시간 이상씩, 주말도 없이 강의가 이어지던 때였다. 컨디션이 점점 나빠지더니, 어느 날은 강의 중에 식은땀이 멈추지 않고 몸에 이상 신호가 느껴졌다. 그래도 일이 밀려 병원에 가지 못하고 버티고 있었는데, 결국 상태가 심각해져 병원에 가보니 간수치가 5000을 넘는 급성 A형 간염 진단을 받고 바로 입원하게 되었다.

입원 중 문득 담당 설계사가 생각났다. 보험금 청구는 꼭 자신에게 하라고 했던 말이 기억나 연락을 시도했지만, 휴대폰은 꺼져 있었고, 회사에 문의해보니 이미 퇴사한 지 오래라는 말을 들었다. 그 설계사는 결국 내가 가장 필요할 때 사라진 사람이었다. 흔히 말하는 '먹튀 설계사'였던 것이다. 이런 일을 겪은 건 나만이 아닐 것이다. 많은 사람들이 보험은 계약 전보다 계약 후가 더 중요하다는 말을 믿고 설계사를 선택하지만, 정작 계약이 끝난 후 철저한 관리를 기대했던 사람일수록 더 큰 실망과 상처를 받게 된다. 그러니 보험설계사에 대해 부정적인 인식을 가진 사람들이 많은 건 어쩌면 당연한 일일지도 모른다.

이 지점에서 다시 묻고 싶다. 과연 우리는 고객의 기대와 신뢰에 끝까지 응답하고 있는가? 단지 상품을 설명하고 계약서를 작성하는 사람이 아닌, 누군가의 삶에 책임지는 태도를 가진 영업인은 과연 얼마나 되는가? 영업은 관계다. 그리고 관계의 본질은 책임감이다. 책임지지 않는 사람들이 만들어 놓은 폐해를 걷어내는 일은, 결국 진짜 책임을 지려는 사람이 해내야 한다. 그래야만, 고객은 다시 우리를 믿고 싶어질 것이다.

▌진화는 경쟁을 최대한 피하면서 이루어진다

우리 사회에서 경쟁은 숨 쉬는 것처럼 자연스럽다. 사람들은 매 순간 사회로부터 경쟁을 강요받으면서 살아간다. 처음에는 경쟁을 당연하게 여기면서 노력하다가 어느 순간 경쟁에 치여 낙오하는 경우가 왕왕 생겨난다. 그러나 경쟁에서 이기려고 하는 사람들은 현명한 사람들이 아니다. 안타까운 사람들이다.

우리가 운명처럼 당연하게 받아들이는 '경쟁'이라는 개념은 생물학자 찰스 다윈의 『종의 기원』에서 비롯되었다. 『종의 기원』이 발표되었을 때 서구 세력들은 제국주의를 기치로 다른 나라를 침탈하고 있었다. 시의 적절하게 제국주의자들은 그들의 침략을 정당화시킬 이론적 근거가 필요했고 그것이 우리의 머릿속에 박혀 있는 '약육강식'이다. 『종의 기원』을 통해 제국주의자들은 '자연을 보아라. 동물의 세계, 자연의 세계도 강한 종만이 살아남는다. 우리가 약한 나라를 침략하는 것은 자연의 섭리인 것이다. 세상은 끊임없는 경쟁의 세계일 뿐이다'라는 논리를 만들어냈다. 약육강식이란 말에 고개가 끄덕여진다면 당신의 의식 속에 제국주의의 그늘이 드리워져 있는 것이다.

하지만 찰스 다윈이 진화에 관하여 진정으로 주장하고 싶었던 바는 그의 핵심 이론인 『분기의 원리』를 통해 잘 알 수 있다. 그것은 자연은 최대한 경쟁을 피하는 쪽으로 진화해 왔다는 이론이었다. 하지만 당시 빅토리아 시대의 제국주의자들은 이 이

론에 주목하지 않았다. 정치적 권력을 확대하는 것이 목표인 그들에게 필요한 이론이 아니었기 때문이다. 다윈은 노년에 자신이 진짜로 하고 싶었던 말은, 약육강식과 경쟁의 원리가 아니라 **경쟁을 피하면서 조화와 균형을 찾아가는 것**이라고 술회했다.

인류의 역사는 사실상 경쟁을 피하는 방식으로 주거지를 확대해왔고 지구의 모든 존재는 경쟁을 피하는 방향으로 진화됐다. 동물들의 활동 영역은 서로 침범하지 않도록 촘촘한 그물망처럼 연결되어 진화해 왔고, 식물도 다른 종과 경쟁을 피하기 위해 각자의 방식으로 햇빛을 받으며 진화했다. 경쟁을 슬기롭게 피했기에 다양한 생물종이 생겨난 것이다. 그런데 유독 어리석은 사람들은 경쟁에서 이기는 것에만 사로잡힌 채 살아가고 있다.

현재 20만 명이 넘는 청년들이 말단 9급 공무원 시험에 합격하기 위해 치열한 경쟁을 하고 있다. 이 치열한 경쟁을 뚫고 시험에 합격하면 어떤 일이 벌어질까? 모두 다는 아니겠지만 경제적으로 풍요롭지 못하니 결혼을 기피하거나 결혼을 해도 자녀를 갖지 않는다. 결국 종의 소멸이 도래하는 것이다. 치열한 경쟁의 종점은 종의 소멸임을 알아야 한다.

이를 영업에 대입해서 설명해 보겠다. 난 21살 때부터 심리수업이란 것을 만들어서 판매했다. 그리고 28살부터는 기숙학원에 심리수업을 팔았다. 내가 돈을 버는 방식 자체가 경쟁을 아예 피하는 것이었다. 이렇게 경쟁을 피해 왔기에 독보적인 존재가 되고 성공을 한 것이다.

사실 영업(구매 의사가 없었던 사람들에게까지 판매를 성공해내는 것)을 하는 것 자체가 경쟁을 최대한 피하는 것이라 할 수 있다. 대부분의 사람들은 영업이 뭔지도 모르거나 영업을 평생 한 적이 없는 상태에서 구매 의사가 있는 사람들이 매장에 들어오기만을 바라고 있기 때문에 결국 월급 생활자가 된다.

영업을 하는 사람들 중에서도 경쟁을 피할 수 있는 존재가 더욱 큰 성공을 할 것이다. 영업인들 사이에서 경쟁을 피하는 방법은 무엇일까? 그것은 **사람들의 마음을 열 수 있는 능력**을 갖추는 것이다. 누구에게나 통하는 본질과 법칙, 진리 등을 제대로 내면화한 상태가 되면 다른 영업인들과 경쟁할 필요가 없는 사람이 될 수 있다. 반면에 이것을 갖추지 못하면 소위 리베이트 영업을 해야 하는 수준으로 전락하게 되면서 결국 영업을 그만두게 될 수도 있다.

이렇게 슬픈 경쟁을 하는 사람들의 공통점은 자신이 하는 일에 대한 가치를 알지 못하고 심지어 가치를 추구하지 않는다는 것이다. 경쟁에 집중을 빼앗기지 말라. 대신 자신을 포함한 사회 구성원 전체의 행복과 가치에 집중하라.

영업이 인생의 원죄를
벗게 해준다

▎영업에서 답을 찾다

내가 20살 정도일 때 아버지의 빚이 2억이 되었다는 말을 들고 매우 답답함을 느꼈다. 당시 2억이란 돈은 내게 너무나 큰돈이었기에 직업이 교사였던 아버지가 갚으실 수 없을 것이란 생각을 했다. 엄청난 돈이라 생각은 했지만 한편으로 그 빚을 내가 갚고 싶다는 마음도 들었다. 하지만 어떻게 해야 확실히 큰돈을 벌 수 있는지 제대로 알지 못했었다. 그래서 도서관에 가서 돈을 엄청 벌어낸 사람들의 책들을 중점적으로 찾아내서 보았고, 제대로 돈을 버는 것을 증명한 사람들은 세일즈 분야에 종사하고 있다는 것을 알게 되었다. 영업의 고수들 중에 꽤 많은 사람들은 나처럼 집안에 빚이 있거나 사업을 하다가 큰 빚을 지고 망했다가 다시 화려하게 재기한 사람들도 있었다. 몇 억이나 되는 큰 빚을 2-3년 정도의 짧은 기간 안에 모두 갚아낸 스토리가 정말 넘쳐날 정도로 많았던 것이다. 이렇게 영업 고수들의 책을 읽어보니 그들의 공통점이 보이기 시작했다.

첫째로 **강력한 목표 의식**이었다. 대체적으로 빚을 갚아야만 한다는 오직 한 가지 목표에만 집중한 것이다. 나 역시 아버지 빚을 대신 갚아야 하는 상황이었으니 똑같은 처지였다 할 수 있었다.

둘째로 **끝없이 시도하는 자세**였다. 이들은 잠재 고객이 될 사람을 만났을 때 처음에는 성공하지 못하더라도 판매에 성공할 때까지 포기 없이 계속 만나서 결국엔 고객의 마음을 열고 기어코 판매를 해냈다. 거절을 당했음에도 그 고객을 매일 하루도 빠짐없이 몇 달을 쫓아 다니면서 결국 두손 두발 다 들게 했다는 무용담을 읽으면서 전율했고, 나도 똑같이 하면 이들처럼 좋은 결과를 낼 수 있을 것이라 믿게 되었다. 그렇게 영업 고수들의 책을 오랜 기간 동안 매일매일 계속해서 읽었다. 그때 습관이 현재까지도 이어지고 있다. 많은 영업 고수들의 책을 읽는 것은 특히나 나처럼 내성적인 사람들에게 더욱 큰 도움이 된다.

어릴 적부터 최면을 공부하고 사람들을 지도했던 나는 결국에 타인을 최면 상태로 이끈 뒤 해야 하는 것이 영업이라는 것을 깨달았다. 그래서 영업은 내게 반드시 잘해야만 하는 것이었다. 누구에게도 지고 싶은 생각이 절대로 들지 않고, 아니 들 수 없는 것이었다.

최근 영업 단체에서 강의 요청이 들어와서 영업하는 분들을 만나 영업에 관한 책을 몇 권 정도 읽었냐고 물어보면, 대부분의 사람들이 읽은 적이 없거나 읽었어도 정말 몇 권 안 되는 정도인 경우가 많았다. 어린 아이들이 위인전을 읽으면서 꿈과 희망을 키우고 목표를 설정할 수 있는 것처럼 영업인들이라면 영업의 정점을 찍은 사람들의 책을 읽어야 한다. 나는 영업 고수들의 책을 통해 노력의 기준을 제대로 잡을 수 있었다. 영업을 하는 사람들은 많지만 그들의 각오와 노력의 정도는 너무나 차이가 난다.

평범한 세일즈맨들은 영업을 할 때 스스로 기획하지 못하고 전투적인 모습을 보여주지 않는다. 내가 책으로 접한 탑세일즈맨들은 어떤 일을 하더라도 모두 잘해낼 수밖에 없는 사람들이 있다. 그 탑세일즈맨들은 처음부터 대단한 사람들이었다기보다는 영업을 하게 되면서 남들보다 더 많은 사람들을 만나고 남다른 노력을 한 결과 대단한 사람이 된 것이다. 이렇게 영업을 제대로 정열적으로 하는 사람들은 반드시 내면적으로도 강해지게 되고 큰 부를 얻게 된다.

자신의 일을 열정적으로 해내려면 다른 길을 생각해서는 안 된다. 열정$_{Enthusiasm}$의 뜻을 정확히 인지하고 영업을 해야 한다. Enthusiasm은 그리스어 en(in, 안에)과 theos(god, 신)의 합성어에서 유래된 단어다. 그래서 열정$_{enthusiasm}$은 '신 안에 있다', 즉 '신이 되어버리다'라는 뜻이다. 어느 누구도 아무 준비 과정도 없이 신이 되어버릴 수는 없다. 어떤 분야가 되었건 남들과 차원이 다른 경지를 보여줘야만 남들이 신을 본 듯한 감동과 전율을 느끼게 되는 것이다. 죽을힘을 다해서 노력하고 연마한 사람들만이 타인을 감동시키고 신을 본 착각마저 느끼게 만들어 낼 수 있다. 영업은 특히 이 열정이란 단어의 의미를 되새기며 노력해야 제대로 할 수 있다.

영업뿐만 아니라 대부분의 직업에서 열정을 갖고 노력하는 사람은 결국 소수일 뿐이다. 그런데 가장 열정이 있는 자들이 있는 분야는 단연코 영업 분야다. 적극적인 영업을 하지 않는 직업에서 신이 된 모습으로 일하는 사람이 얼마나 될까? 영업의 신이 될 생각으로 영업을 하라. 당신이 진짜 열정이 있다면 당신을 신으로 여기면서 당신의 상품을 구매할 사람들이 넘쳐나게 된다.

지금까지 당신이 진정한 열정이 없는 채 살아왔다는 것을 느끼고 좌절하라는 뜻으로 하는 말이 아니다. 지금껏 열정을 발휘할 수 없는 분야에서 당신이 일했기에 신 안에 있는 모습을 보일 필요가 없었던 것이다. 태어나 한 번 사는 인생에서 그래도 한 번쯤은 신 안에 있는 것 같은, 신이 된 것 같은 느낌으로 살아봐야 하는 것 아닌가? 그렇다면 다시 말하지만 영업만이 답이 될 것이다.

확실하게 부자가 될 수 있는 방법, 문제 해결사 되기

세상에는 돈을 벌고 싶어 하는 사람들이 너무나 많다. 하지만 정작 돈을 벌 수 있는 정확한 지식은 놀라울 정도로 부족하다. 진짜 지식이란 입에서 화살처럼 명확하게 나올 수 있어야 하며, 글로도 막힘없이 써내려갈 수 있어야 한다. 즉, 타인에게 바로 설명할 수 있어야만 '갖춘 지식'이라 할 수 있다. "부자가 되려면 어떻게 해야 하나요?"라고 사람들에게 물으면, 대부분 "열심히 살아야 한다", 또는 "많이 노력해야 한다"고 대답한다. 하지만 이는 초등학생 수준의 답변일 뿐이다. 그런 말을 들을 때마다, 그 허망함에 놀라게 된다. 사실, 부자가 되지 못한 사람이라면 차라리 "모르겠다"고 말해야 한다. "열심히 살면 된다"는 말은 그저 막연한 위로일 뿐, 구체적인 설명이 부족하다. 그리고 안타깝게도, 정말로 "모르겠다"고 솔직히 말하는 사람은 거의 없다. 아는 척하지만 실제로는 부자가 되는 원리를 제대로 설명하지 못하는 것이다.

부자가 되는 방법은 명확하다. 타인의 문제를 정확하게 해결할 수 있는 지식을 갖춘 뒤, 그것을 바탕으로 많은 사람을 돕는 것이다. 하지만 여기에는 또 하나의 문제가 있다. 설령 그런 능력을 갖췄다고 해도, 타인의 입장에서는 그 사람이 실제로 어떤 문제 해결 능력을 지녔는지 쉽게 알아채기 어렵다는 점이다. 그래서 문제를 해결하는 능력뿐 아니라, 그 능력을 세상에 효과적으로 알릴 수 있는 역량이 필요하다. 이것이 바로 '**세일즈 능력**'이다.

또한 같은 문제를 해결하더라도 경제적으로 여유 있는 사람들을 대상으로 할수록, 더 큰 성과를 얻고 더 빠르게 부자가 될 가능성이 높다. 그들은 지불 능력이 있을 뿐 아니라, 가치 있는 해결책에 대한 이해도 역시 높기 때문이다. 결국 부자가 되기 위해서는 첫째, 타인의 문제를 확실히 해결할 수 있어야 하고, 둘째, 자신이 문제 해결사라는 사실을 세상에 명확히 알릴 수 있어야 한다. 이것이 부의 본질적인 원리다.

이 원리를 즉석에서 명확히 설명할 수 있는 사람은, 그렇지 못한 사람보다 훨씬 더 큰 부자가 될 가능성이 높다. 그리고 자신의 일에 대한 이해와 자부심도 깊어져, 삶의 만족도 역시 높아진다. 반면, 이 원리를 이해하지 못한 채 살아가는 사람들은 생존을 위해 어쩔 수 없이 일을 한다. 그런 사람에게 일은 고통이며, 애착이 아닌 벗어나고 싶은 짐일 뿐이다. 과연 그런 사람이 진정한 행복을 느낄 수 있을까? 이처럼 돈을 버는 원리에 대한 본질적 지식 없이 살아가는 사람들은 결국, 일에 끌려 다니며 노예로 살아가다 불행하게 삶을 마감하게 된다.

▎영업을 못 하면 원죄를 안고 살아가는 것이다

영업 능력을 가진 사람이 돈을 더 많이 버는 이유를 우리나라의 대형 생명보험사 사례를 통해서도 알 수 있다. 우리나라 대형 생명보험사에는 보험설계사들을 돕는 막강한 내부 조직이 존재한다. 각 회사마다 이름은 다르지만 이 조직의 본질은 같다. 바로 FC들이 거대한 자산가나 법인을 상대할 때 단독으로 해결할 수 없는 복잡한 세무·절세·상속·증여 이슈를 지원하는 전문가 집단이다.

이 조직은 대부분 명문대 출신의 엘리트이거나 국세청에서 15년 이상 근무한 세금 실무 경험자들로 구성되어 있다. 자산 규모가 클수록 단순한 보험 상품 하나로는 접근이 어렵기 때문에, 회사 차원에서 절세 전문가 팀을 별도로 운영하며 FC들을 서포트하는 것이다. 법인 회장이나 고액 자산가들은 워낙 바쁘기 때문에 보험사들은 고급 호텔에서 세미나를 연다. FC가 법인대표를 이 세미나에 초대하고, 회사 소속의 절세 전문가가 나와 2시간가량 절세 니즈를 자극하는 강의를 하며, 이후 식사와 함께 자연스럽게 컨설팅 기회를 만든다. 고객이 흥미를 보이면 FC는 다시 전문가들과 고객을 연결해 실제 컨설팅으로 이어지게 한다. 그런데 여기서 흥미로운 사실이 있다. 이 절세 전문가들은 대부분 FC보다 훨씬 더 뛰어난 전문지식과 경험을 갖고 있음에도 불구하고, 수입은 오히려 FC보다 현저히 낮다는 점이다.

이유는 단순하다. 이들은 직접 고객을 만나 설득하고 계약을 따내는 '영업'을 하지 않기 때문이다. 아무리 절세 지식이 뛰어나도, 스스로 고객을 만들 수 없다면 그 사람은 늘 FC의 뒷자리에 서 있어야 한다. 자본주의는 이토록 냉정하다. 실력이 아무리 좋아도, 진짜 부를 만들어주는 힘은 '영업력'에 있다는 사실을 절대 잊지 말아야 한다. 나는 이를 두고 '영업을 못 하는 것은 자본주의에서의 원죄'라고 말한다. 당신이 가난한 집에서 태어났다면, 당신의 부모가 사기나 도박에 빠지지 않고도 열심히 일했음에도 경제적으로 늘 힘들었다면, 그것은 단지 영업을 하지 않았기 때문일 수 있다. 나 역시 그랬다. 내 아버지는 학교 선생님이셨고, 성실하게 평생을 일하셨다. 하지만 빚은 눈덩이처럼 불어났고, 가정은 점점 어려워졌다.

나는 스무 살 무렵 그 현실을 냉정하게 받아들였다. 그리고 결심했다. '내가 영업을 하지 않으면 우리 집은 절대 바뀌지 않는다.' 그래서 나는 심리수업을 만들어 학원에 영업했고, 스스로 교육 상품을 팔았고, 결국 억대 소득을 올리며 집안의 원죄에서 탈출할 수 있었다. 이 원죄는 세습된다. 당신이 깨지 않으면 당신 자녀가 물려받는다. 자녀에게 "나는 너를 믿는다"는 말을 아무리 해도, 당신이 현실에서 영업을 해내지 못한다면 그 말은 공허한 선언에 불과하다. 자신조차 설득하지 못하는 사람이 어떻게 남을 설득할 수 있겠는가? 당신이 영업을 통해 세상을 이기는 경험을 보여주어야 아이도 그런 부모를 존경하게 되고, 당신을 닮아 영업을 해내는 인생을 살게 된다. 자본주의에서 가난이라는 원죄를 끊을 수 있는 유일한 무기, 그것은 바로 영업이다. 당신이 지금도 영업을 외면하고 있다면, 당신은 원죄를 물려주는 중일지 모른다.

멈춰야 한다. 그리고 끊어야 한다.

당신이. 지금. 직접.

아직도 영업에 대해 부정적이라면, 부자가 되기를 포기하라

▌무조건 사게 만드는 기술, 진짜 영업이란?

영업은 무엇인가? 영업은 이 세상 누구나 하는 것이다. 생존을 위해서 누구나 무엇인가를 팔아야 한다. 팔지 못하는 사람은 생존할 수 없는 것이다. 어떤 것을 남다르게 잘 팔아낼 수 있는 자는 부자가 되고 그렇지 못한 자는 지금 가난한 상황에서 크게 달라질 게 없을 것이다. 잘 파는 사람들은 상대적으로 잘 팔지 못하는 사람들을 고용해서 더 많은 돈을 번다. 영업 능력이 떨어지는 사람들은 영업 능력이 출중한 사람들에게 고용되어서 그 사람들이 하라는 대로 자신의 시간과 노동력을 팔아야 한다.

누군가는 능동적으로 무엇인가를 팔고 있고 누군가는 수동적으로 노동력을 제공하고 있는 것에 차이가 있는 것이다.

인생은 의도적으로 팔거나, 의도하지 못한 채로 팔리든가 하는 식으로 살 수밖에 없다는 뜻이다. 이젠 영업이 우리의 삶에서 가장 중요한 필수적인 요소란 점을 이해하고 인정해야만 우리의 삶에서 희망도 있는 것이고 미래도 있는 것이다.

이 정도로 영업에 대한 중요성을 이야기했으니 영업 지식이야말로 인생에서 가장 중요한 지식이라는 것에 동의할 것이다. 모든 사업가나 자영업자들이 이구동성으로 영업 지식이 가장 중요하다고 동감할 것이 분명하다. 하지만 적나라하게 파헤쳐 보면 그들 중 절대다수가 영업에 관한 근본적이고 본질적인 개념 정리부터가 안 되어 있다. 우선 그 점을 증명해 보겠다.

'영업은 어디까지 해야지 영업인가요?'

이렇게 물어보면 대부분의 사람들은 무엇인가를 급조해서 답변한다. 지금까지 많은 사람들에게 이 질문을 했으나 그들이 급조한 답변 중에 마음에 드는 답변은 들어본 적이 없었다. 나는 대답하지 못하는 사람들에게 이렇게 정리한다.

'영업은 구매 의사가 없었던 사람들에게까지 판매를 성공할 수 있어야 영업이에요.'

자, 이 개념으로 사업자나 자영업자들을 분석해보자. 그들은 영업이 중요하다고 생각하고 살아왔겠지만 진짜 영업을 한 적이 많았을까? 그렇지 않을 것이다. 대다수는 매장을 차려놓고 구매 의사가 이미 있었던 사람들이 매장 안에 들어서길 간절한 마음으로 기도한다(많은 손님이 매장에 들어오게 해달라고 우주에 비는 자들도 많은 것 같다).

그리고 구매 의사가 있었던 사람이 들어오면 그들에게 단순 응대를 한다. 예를 들어 옷가게는 '고객님 사이즈가 어떻게 되세요?' 혹은 '고객님에게 이 옷이 정말 잘 어울리세요' 같은 단순 응대와 판매를 한다. 이것이 영업의 전부라고 착각하고 사는 사람들이 얼마나 많겠는가? 거의 대부분의 자영업자들이 이런 부류에 속할 것이다. 이렇게 진정한 영업의 개념도 없이 사업하는 사람들은 경기가 좋을 때는 먹고살 수 있지만 경기가 안 좋아지면 모두 폐업하게 된다. 사주팔자가 나빠서가 아니며 우주가 그 사람을 사랑하지 않아서가 아니라 영업에 대한 개념과 지식이 없는 사람이 감히 자영업을 한 대가를 치르는 것이다. 영업의 지식이 부족한 사람들은 자영업을 하면 안 된다. 그냥 월급만 받는 삶을 살아가야만 하는 것이다.

자, 그럼 정말 중요한 지식이 자신에게 있는지 살펴보며 스스로 점검해 보라.

나의 이 질문에 대답할 수 있으면 된다. 구매 의사가 없었던 사람들에게(특히 부자들이면 더 좋을 것이다) 빠르게 판매를 성공해내려면 어떻게 그들에게 접근하고 말하고 행동해야 하는가? 이 질문에 바로 대답해 보라. 이 질문에 제대로 답할 수 있는 사람은 이미 영업의 고수로서 부자가 되어 삶을 너무나 재미있게 살아가고 있을 것이다.

누구나 내면에는 사자가 잠들어 있다

양 무리와 사자 무리가 싸우면 누가 이길까? 당연히 답은 사자 무리가 이긴다. 질문을 바꿔보겠다. 사자가 이끄는 양 무리와 양이 이끄는 사자 무리가 싸우면 누가 이길까? 이 질문에 대한 답도 명확하다. 정답은 '양 무리가 이긴다'이다. 사자가 이끄는 양들은 자신이 사자인 줄 알고 양이 이끄는 사자들은 자신이 양인 줄 알기 때문이다. 이렇게 리더가 누구인지에 따라 조직의 미래가 좌지우지될 정도로 리더는 중요한 요소다. '역시 리더를 잘 만나는 복이 있어야 하는구나. 나는 왜 리더 복이 없을까?' 이런 생각들을 하라고 이 말을 꺼낸 것이 아니다. 자신이 현재 비록 양과 같이 초라하게 느껴질지라도 잠재된 힘을 일깨울 수 있다면 강한 사자가 될 수도 있다는 이야기를 하는 것이다.

한 새끼 사자가 있었다. 사랑받으며 크고 있던 어린 사자는 그날도 어미랑 같이 있었다. 평화롭게 생활하던 어느 날 밀렵꾼들의 공격이 있었다. 그날 어미 사자는 잔인하게 죽임을 당했다. 아빠 사자는 새끼를 살리려고 숲 더미에 새끼를 숨겼다. 그 덕에 새끼 사자는 살 수 있었다. 그런데 아빠 사자도 밀렵꾼에 의해서 잔혹하게 죽게 되었다. 대학살이 끝나고 새끼 사자는 혼자 깨어났다. 자신이 의지할 수 있는 존재는 어디에도 없었다. 어렴풋하게 느낄 수 있는 건 자신이 혼자가 되었다는 사실뿐이었다. 그때 새끼 사자에게 양 무리가 다가왔다. 그중 한 양이 새끼 사자에게 다가오더니 '메~ 메~' 소리를 내면서 새끼 사자를 핥았다. 그 후부터 새끼 사자는 양 무리와 함께 살게 되었다. 어린 새끼 사자는 다른 양들과 같은 생활을 했다. 울 때도 양들처럼 '메~ 메~' 하며 울었다.

그런데 어느 날 사자 무리가 다가와서 새끼 사자와 함께 있던 양들을 전부 죽였다. 그 광경을 본 새끼 사자는 이미 몸이 다 컸는데도 겁에 질린 채 양처럼 울고 있었다. 충격이 너무 커서 패닉 상태가 되어버렸다. 그때 무리 중 가장 큰 사자가 다가와서 새끼 사자의 머리를 치면서 말했다. "야, 이 자식아. 너 왜 이래?" 그리곤 새끼 사자의 갈퀴를 잡고 물웅덩이가 있는 곳으로 끌고 갔다. 새끼 사자가 자신의 모습을 보게 했다. 새끼 사자는 양이 아닌 자신의 모습을 보게 되었다. 우람한 사자의 모습이 보이긴 했지만 이 모습이 정말 자신이 맞는지 새끼 사자는 아직 확신이 서지 않았다. 큰 사자는 새끼 사자의 입 안에 양고기를 계속 들이밀었다. 그렇지만 새끼 사자는 계속 양고기를 뱉어냈다. 새끼 사자는 겁에 질린 채 형제를 먹을 수 없다고 울어댔다. 하지만 큰 사자는 양의 살점을 기어코 새끼 사자 입에 넣어버렸다. 양 살점이 새끼 사자의 목을 통해 내려가는 순간 내면에서 마법 같은 일이 벌어졌다. 새끼 사자는 자신이 누구인지를 기억해 낸 것이다. 마침내 양을 삼키자 놀라운 일이 벌어졌다. 새끼 사자는 양처럼 울지 않고 드디어 사자처럼 포효했다. 우리 내면에는 어떤 누구도 **빼앗고** 건드릴 수 없는 뭔가가 있다.

인간 이외의 동물들은 처음부터 자신의 고유한 정체성을 갖고 태어난다. 하지만 우리 인간은 어떤 사람으로부터 길러지고 교류하고 영향받는지에 따라서 완전히 다른 정신을 갖출 수 있고 차원이 다른 능력차를 보일 수도 있게 된다. 여러 가지 요소에 따라서 자신이 아직까지 양과 같은 삶을 살아왔다고 느껴진다면 이제 바뀔 때가 왔다. 영업은 사자들이 하는 것이지 양과 같은 자는 할 수가 없다. 이왕 사자의 길을 가겠다고 마음먹었으면 가장 강한 사자들을 벤치마킹하라. 오랜 시간을 들여 강한 사자를 그대로 따라하고 흉내 내는 것으로 충분하다. 그렇게 하다 보면 완전한 사자의 기상을 갖출 것이고 남들도 당신을 강한 사자로 바라보게 된다.

당신이 지금 우러러 보는 강한 사자 같은 리더가 있다면 그 모습은 아마도 처음부터 갖춰진 것이 아니라 그 사람이 사자같이 살기로 마음먹고 결심한 뒤부터 생성된 모습이란 것을 알면 좋겠다. 영업을 하지 않는 자는 사자로 살아갈 수가 없다. 영업을 지속적으로 꾸준하게 오랫동안 열심히 하라. 그럼 자연스럽게 강한 사자가 될 것이고 강력한 리더로 살아갈 수 있다.

사람 중독

사람은 사람에 중독된다. 그것도 한 명이 아니라 여러 명에게 중독된다. 그리고 한 순간만 중독되는 것이 아니라 평생에 걸쳐 사람은 사람에게 끝없이 중독되어서 살아간다. 인간은 본디 외로운 존재다. 그리고 혼자서는 살아갈 수 없다. 사람은 사람에게 의존하고 의지할 수밖에 없는 약한 존재인 것이다. 태어날 때도 산모를 도와주는 산파나 가족들이 있었기에 태어날 수 있었다. 사람은 생존하려면 많은 사람들의 도움을 필요로 할 수밖에 없다. 홀로 완벽한 사람은 세상에 존재하지 않는다. 완벽은커녕 사람들은 말로 헤아리기도 어려울 정도로 많은 문제들을 갖고 살아가는 부족한 존재다.

그래서 자신의 부족한 점이나 문제를 해결해 줄 수 있는 전문가를 필요로 한다. 다만 자신의 문제를 타인에게 인정하고 드러내는 것은 자연스럽고 편안한 것이 아니기에 상대가 정말 믿을 수 있는 사람인지를 꼼꼼하게 체크하고 살펴보려고 한다. 이는 너무나 자연스러운 행동인 것이다. 그래서 사람들은 다른 사람들을 볼 때 한결같고 믿음직한 사람에게 호감을 느낄 수밖에 없다. 그래서 사람들은 언제나 열심히 노력하면서 성실하게 사는 사람들에게 무의식적으로 끌리게 되고 좋아하게 된다. 이런 사람의 본질적 특성을 완전하게 인정하고 받아들이게 되면 사람들을 대할 때 불필요한 두려움을 떨쳐낼 수 있게 된다. 제아무리 대단해 보이는 위치에 오른 사람일지라도 사실상 파고들어보면 수많은 사람들의 도움이 필요한 존재일 뿐이라고 생각할 수 있어야 한다. 10억짜리 차를 구입한 사람도 차량을 직접 수리할 수 없어서 수리공이 필요하고 보험에 가입해야 하므로 보험설계사도 필요하다. 수백억짜리 빌딩을 구매한 사람도 자신을 대신해서 그 빌딩을 관리해줄 사람이 필요한 것이다. 사실 많은 것을 가진 사람들일수록 더 많은 타인들의 도움이 필요한 사람이다. 사람은 자신에게 도움 줄 사람들을 찾아 신뢰를 하기 전에는 깐깐할 수도 있겠지만, 인정하고 선택하면 또 따뜻한 면모를 보여주게 된다.

영업을 하는 사람이라면 고객을 자신에게 중독시킬 수 있어야 한다. 내가 아는 어떤 분은 학원 선생님을 하며 아이들을 가르치다가 보험설계사가 되었는데 처음부터 개척해서 고객 발굴을 한 분이다. 가락동 농수산물 시장을 매일 돌아다니면서 상인들을 만나고 또 만났다. 등판에 착한 보험이라고 적어놓은 노란색 조끼를 입고 하루 종일 사람들을 만나면서 사탕이나 초콜릿 등을 상인들에게 나누어 주면서 인사했다고 한다. 그러면 처음엔 그다지 관심을 주지 않던 사람들도 점점 더 마음을 열고 친해지게 되었단다. 그리고 항시 불룩한 조끼 주머니와 끌고 다니는 카트 안에 도대체 뭐가 들었냐고 사람들이 물어보면서 관심을 둔다고 했다. 매일 사람들에게 다가가 밝게 웃으며 안부를 물어보고 작은 선물을 건네다가 어느덧 상인들과 가족 같은 사이가 되었다는 것이다.

다시 말하지만, 한결같은 마음으로 꾸준하게 사람들에게 다가가는 사람은 다른 사람을 중독시킬 수 있다. 처음에는 중독이 안 되는 것 같아 보여도 계속 진심으로 다가서면 결국 중독이 되는 것이다. 영업으로 큰 성공을 한 분들은 대부분 한결같은 사람들이다. 그 한결같은 꾸준함이 처음엔 냉담했던 고객들의 마음을 열게 한 것이다. 한결같은 마음가짐을 갖추려면 자신의 일을 진심으로 사랑해야 하고 열심히 해야만 한다. 그러면 남다른 자부심과 자신감으로 사람들에게 다가설 수 있게 되고 그것을 반복하는 사람이 사람을 중독시키게 되는 것이다. 이 책을 보는 여러분도 주변의 사람들을 중독시킬 수 있기 바란다.

영업에서 칼자루는 고객이 아닌 내가 쥐어야 한다

영업을 한다는 사람들 대부분은 현실적으로 저자세에 머물러 있다. 마치 계약은 오로지 고객의 선택에 달린 일이고, 자신은 그 선택 앞에서 애원하고 기다리는 수동적인 존재인 양 행동한다. 그러나 이 생각 자체가 잘못됐다. 계약의 성패는 고객이 아닌 영업인 스스로에게 달려 있다. 영업은 주도권 싸움이다. 그리고 그 칼자루는 반드시 내가 쥐고 있어야 한다.

내가 지도했던 한 제자 이야기를 해보자. 그는 대학 시절, 결혼까지 한 상태에서 보험업을 시작하려 했지만, 대학생이라는 이유로 대부분의 보험사에서 채용을 거절당했다. 유일하게 한 외국계 보험사에서 그를 받아줬고, 그곳에서 영업을 시작했지만 6개월 동안 단 한 건의 계약도 하지 못했다. 자존감은 바닥을 쳤고, 스스로 무능하다고 여겼다.

그러던 어느 날, 아내와 함께 대형마트에 간 그는 아이들이 엄마에게 물건을 사달라고 조르는 모습을 유심히 보게 된다. 놀랍게도, 엄마가 결국 사주게 되는 경우는 아이들이 주저앉아 울며 떼를 쓰는 상황이었다. 그 순간 그는 단순하지만 명확한 한 가지를 깨달았다.

"결국, 원하는 것을 얻는 사람은 멈추지 않고 행동하는 사람이다."

그날 이후, 그는 고객 앞에서 자세를 바꿨다. 무시당해도, 자영업자들이 바쁘다며 돌아서도, 그는 떠나지 않았다. 실제로 가게 앞에 드러누웠고, 사장들은 처음엔 어이없다는 듯 쳐다보다가 결국 그를 자리에 앉혀 이야기를 들어주었다. 때론 발로 툭 건드리거나 경찰을 부르는 경우도 있었지만, 결국 그들조차 그의 고객이 되었다.

생각해보라. 당신 앞에 누군가가 누워서, 간절하게 당신과 대화하길 원한다면 당신은 그를 밀쳐낼 수 있겠는가? 폭력은 불가능하고 무시는 오래가지 못한다. 결국 그 사람의 이야기를 듣게 된다. 왜냐하면 사람은 진심이 느껴지는 행동 앞에서 저항할 수 없기 때문이다.

진심은 입으로 말한다고 전달되지 않는다. 행동으로 증명되지 않은 진심은 그저 자기 위안에 불과하다. <u>진심은, 움직여야 한다.</u> 그렇기에 고객을 향한 진심이 있다면, 그 진심을 구체적인 태도로 보여줘야 한다. 단순한 상품 설명으로는 고객의 마음을 열 수 없다. 영업은 상품을 파는 일이 아니다. 사람과 사람

사이의 신뢰를 증명하는 일이다.

모든 인간은 본능적으로 고도의 몰입 상태를 갈망한다. 집중과 몰입은 삶의 본질이고, 우리가 경험하는 모든 감동과 기쁨은 이 몰입에서 비롯된다. 사람들은 그 몰입을 얻기 위해 영화관에 가고, 공연을 보고, 돈을 쓴다. 그리고 그 몰입을 제공해주는 사람에게 마음을 연다. 고객은 결국, 몰입한 사람에게 반응한다.

당신이 스스로의 일에 진심으로 몰입해 있다면, 고객은 당신의 상품보다 당신을 신뢰하게 된다. 그것이 진짜 영업이다. 그리고 그때부터 당신이 영업의 주도권, 그 칼자루를 쥐게 되는 것이다.

성공한 사람들의 공통점: 모두 영업의 고수였다

▌가난했던 어린 시절을 극복하고 부자가 된 사람들

가난한 집안에서 태어났지만, 자수성가해 자산가가 된 사람들의 공통점은 무엇일까? 여러 가지를 예로 들 수 있겠지만, 그들은 모두 영업의 고수란 점이다. 가난한 집안에서 태어나면 당연히 사업자금이 없기에 스스로 사업자금이 될 시드머니를 만들어야 하는데 그것을 가장 빠르고 큰 금액으로 만들어내는 방법은 영업의 고수가 되는 길뿐이라 믿는다.

그래서 우리 삶에서 부자가 되기 위해 가장 필요한 게 무엇이냐고 묻는다면 **'영업에 관한 지식을 쌓는 일'**이라고 대답해야 한다는 뜻이다. 영업에 관한 지식이 갖춰진 사람만이 미래가 있는 것이고 꿈을 가질 수 있다. 희망의 크기도 그 사람이 갖춘 영업적 지식의 크기에 비례하는 것이다. 그런데 안타까운 점은 영업 고수의 책을 읽은 사람들은 많지만 그들의 노하우를 제대로 배운 사람들은 별로 없다는 것이다. 많은 사람들을 지도해오면서 사람들에게 영업에 관한 책들을 얼마나 읽었는지 물어보면 대부분 몇 권 읽지 않은 사람들이 정말 많다는 것을 알게 되었다. 가장 중요한 것이 영업인 사람들도 영업에 관해서 진지하게 제대로 공부해 본 적이 별로 없는 것이다. 큰돈을 벌려면 영업 관련 일을 해야만 하는 것이고 회사에 들어가서 월급 받는 생활을 하게 되더라도 부자가 될 생각이 확고하다면 반드시 자청해서 회사의 영업 부서에서 일하면서 영업 능력을 향상시키고 증명해내야 한다. 그런데 실상은 영업은 어렵다고 생각하거나 심지어 영업을 천시하고 무시하는 정말 어리석고 불쌍한 사람들이 많은 것이 현실이다. 대부분의 사람들은 그렇게 어리석게 살아가니 부자가 절대로 될 수 없었고 나이가 든 다음에야 비로소 영업이 가장 중요한 것이었다는 것을 깨닫게 된다. 시행착오를 하면서 살아가다 뒤늦게 영업이 가장 중요한 것임을 깨닫게 되어도 나이가 들어서 힘도 예전 같지 않고 열정은 더더욱 사라졌기에 허망한 후회만 할 뿐이다.

앞서 말했듯이, 내가 집안의 빚 2억으로 스트레스를 받았던 20살 무렵에 돈을 많이 번 사람들의 책을 읽었을 때 한결같이 영업을 잘하는 사람이 단기간에 엄청난 돈을 버는 것을 알게 되었다. 다른 측면으로 부자가 된 사람들, 예를 들어 회사의 임원이 되려면 학벌도 갖춰야 하고 자신의 모든 시간과 에너지를 회사에 쏟아 부어야 간신히 될 수 있는 것 같았다. 그러나 임원이 되더라도 고액 연봉을 겨우 몇 년 받고 퇴직해야 하는 경우가 대부분이었다. 또 사업을 하는 방법도 있었으나 자본금이 너무 적은 상태에서 큰돈을 빌려서 사업을 하는 것이 도박처럼 느껴졌다. 그리고 사업의 성패는 결국 영업에 달려 있다는 것을 사업하는 사람들의 책을 읽을수록 더 분명하게 알 수 있었다.

그래서 결론은 나처럼 가진 것이 별로 없는 가난한 집안에서 태어난 사람이라면 반드시 영업의 고수가 되어야만 부자로 살 수 있다는 것이다. 이건 가난한 집안에서 태어난 사람이 부자가 될 수 있는 법칙과 같은 것이다. 법칙은 지키라고 존재한다. 그런데 사람들은 법칙을 잘 보지 못한다. 또한 법칙을 알려줘도 그 법칙을 자기 편한 대로 변경하고 조작해 버린다. 그러면 그 대가를 반드시 본인이 혹독하게 치르게 되는 것이다. 배경 없는 당신이 부자가 되고 싶다면 영업을 마스터하라. 그것이 부자가 되는 유일한 길이다.

영업에 대한 부정적인 인식은 기회다

'영업에 대한 안 좋은 인식을 어떻게 깨야 하나요?'

많은 사람들이 이렇게 질문하지만, 이 질문 속에는 근본적인 오류가 숨어 있다. 왜냐하면 애초에 '영업'에 대해 부정적인 인식을 갖고 있는 사람들은 그리 중요하지 않기 때문이다. 그들은 대부분 영업을 해본 적이 없거나, 해봤지만 잘해본 적이 없는 사람들이다. 아니면, 영업을 잘하는 사람에 대한 질투심을 감당하지 못하고 부정적으로 포장해버린 사람들일지도 모른다. 영업에 대한 인식이 진짜 중요할까? 그렇다면 먼저, 세상의 결정권자들에게 물어보자. 회사를 이끄는 회장님들은 어떤 직원을 가장 좋아할까? 기술이 뛰어난 사람? 충성심 있는 사람? 물론 그들도 중요하지만, 결국 회사의 매출을 책임지는 '영업을 잘하는 사람'이 가장 귀하고, 가장 많은 연봉을 받는 사람이다. 기업을 움직이는 리더들의 입장에서 보면, '영업'은 회사의 생존을 결정짓는 본질이자 가장 중요한 능력이다. 다시 묻자. 그런 성공한 사람들이 과연 영업을 하찮게 생각할까?

문제를 제기한 사람은, 영업에 대해 부정적으로 인식하고 있는 일반 대중이나 주변 사람들을 언급하는 것이겠지만, 그 사람들이 누구인가? 아마도 영업을 못 해본 사람들, 영업의 본질을 이해하지 못한 사람들, 혹은 세상과 경쟁해 본 적이 없는 사람들일 것이다. 결국 그들의 시선과 인식을 기준 삼는 것 자체가 무의미하다. 오히려 반대로 생각해 보면 영업에 대해 안 좋은 인식을 가진 사람이 많으면 많을수록, 나에겐 더 좋은 기회가 된다. 왜냐하면 그건 곧 시장에 실망스러운 영업인이 많았다는 뜻이고, 내가 진심으로 감동을 주는 영업을 한다면 단숨에 눈에 띌 수 있다는 이야기이기 때문이다.

즉, 세상의 인식이 낮을수록 진짜 실력자는 더 돋보일 수 있는 환경이다. 이건 위기이자 동시에 기회다. 또 한 가지 기억해야 할 것은, 영업을 두려워하는 사람일수록 영업을 부정한다는 것이다. 영업은 본질적으로 용기와 진심을 요구한다. 하지만 그 용기를 낼 수 없고, 고객 앞에 자신의 가치를 드러낼 자신이 없는 사람은 이를 외면하거나 폄하하는 방식으로 방어기제를 만든다.

"영업은 사람을 괴롭히는 거야."
"나는 그렇게까지 하고 싶진 않아."

이런 말들 속에는, 자신이 갖추지 못한 역량에 대한 위축감이 숨어있다. 하지만 생각해 보라. 누구나 결국은 어떤 영업인에게 무언가를 사며 살아가고 있다. 영업의 결과를 소비하면서도, 자기 자신은 그 과정을 해낼 용기가 없기에 그것을 부정하는 것이다. 그래서 나는 영업에 대한 인식이 안 좋은 것은, 곧 힘이 없고 자신감이 없는 사람들의 생각 때문이라고 말한다. 당신은 그런 사람들의 생각을 기준 삼아 살아갈 것인가?

내가 하는 영업에 확신이 있고, 고객의 삶에 도움이 되는 방식으로 진심을 전달하고 있다면, 남들이 무엇을 어떻게 말하든 그건 내 일이 아니다. 왜 그들의 시선에 에너지를 쓰고, 그들의 기준에 맞춰 내 가치를 흔들려 하는가? 진짜 차별화된 실력을 갖춘 사람이라면, 그 누구와도 경쟁하지 않는다. 자신만의 방식으로 고객에게 감동을 주고, 성과로 증명하며, 자부심을 갖고 살아간다. 영업을 하며 만나는 고객은 누구나 한 번쯤은 실망스러운 영업인을 만난 경험이 있을 것이다. 그렇다면 이제 내가 그 고객에게 진짜 **'제대로 된 영업'**이 무엇인지를 보여줄 차례다.

세상에는 여전히 영업을 편협하게 보는 사람이 많고, 수준 낮은 접근으로 고객을 실망시킨 과거의 영업인이 많다. 하지만 그런 세상일수록 진짜 영업인, 진심을 가진 사람, 철학을 가진 사람이 필요하다. 당신이 그런 사람이라면, 영업에 대한 안 좋은 인식은 곧 당신이 돋보일 수 있는 최고의 무대가 된다. 그러니 흔들리지 마라. 당당하게, 자랑스럽게, 그리고 멋지게 영업하라. 당신이 하는 일이 얼마나 귀한 일인지, 결국 세상이 당신을 통해 다시 알게 될 것이다.

다음 페이지에 '부자 마인드 점검 체크 리스트'가 있다. 이 질문들에 답하고 지금 바로 점수를 매겨 보자. 당신은 과연 부자가 될 준비가 되어 있는지 당신이 가진 현재 상황을 금세 알아차릴 수 있을 것이다. 그리고 부족한 부분이 있더라도 낙담하지 말자. 지금부터 나와 함께 그것을 향상시키는 훈련을 시작할 거니까.

부자 마인드 점검 체크 리스트

다음 질문을 읽고 자신이 느끼는 정도에 따라 '매우 그렇다'(5)와 '매우 아니다'(1) 사이의 가장 적절한 숫자에 동그라미(○)로 표시해 주세요.

● 지식과 태도

1. 나는 부자가 되기를 진심으로 원한다.　　　　　　　　5　4　3　2　1
2. 부자가 되기 위해 배워야 할 지식이 있다는 사실을 안다.　　5　4　3　2　1
3. 현재 경제 상태가 내 '지식 부족' 때문일 수 있음을 인정한다.　5　4　3　2　1
4. 돈을 긍정적으로 바라보며, 부자에 대한 부정적 감정이 없다.　5　4　3　2　1
5. 나는 부자가 되기 위한 공부나 실행을 일상적으로 하고 있다.　5　4　3　2　1

● 개척자의 자세

6. 새로운 사람, 낯선 시장을 만나는 것이 두렵지 않다.　　5　4　3　2　1
7. 나는 익숙한 사람들보다, 더 수준 높은 사람들과 어울리려 한다.　5　4　3　2　1
8. 부자 고객을 마주해도 기죽지 않고 대화할 수 있다.　　5　4　3　2　1
9. 거절이나 실패를 피하지 않고 정면으로 마주하려 한다.　5　4　3　2　1
10. 내 삶의 수준은 내가 상대하는 사람들의 수준에 따라
　　달라진다고 믿는다.　　　　　　　　　　　　　　5　4　3　2　1

● 몰입과 집중력

11. 나는 몰입해서 무언가에 빠져본 경험이 자주 있다.　　5　4　3　2　1
12. 돈을 쓰는 것보다, 돈을 벌기 위해 몰입하는 게 더 재미있다.　5　4　3　2　1
13. 내가 하는 일에서 최고의 전문가가 되고 싶다.　　　　5　4　3　2　1
14. 고객의 문제 해결에 몰입할 때 가장 보람을 느낀다.　　5　4　3　2　1
15. 나는 일할 때 다른 생각 없이 온전히 몰입하는 편이다.　5　4　3　2　1

● 우월감과 기준의식

16. 나는 내 기준으로 타인을 판단하고 대하는 힘이 있다.   5 4 3 2 1
17. 나는 영업할 때 '내가 도움을 주는 존재'라는 자부심이 있다.   5 4 3 2 1
18. 내 분야에서만큼은 누구보다 자신 있다고 말할 수 있다.   5 4 3 2 1
19. 나는 남이 정한 기준보다 내 기준에 따라 삶을 설계한다.   5 4 3 2 1
20. 나는 내 삶 전체가 내가 하는 일과 연결되어 있다고 느낀다.   5 4 3 2 1

- **90~100점**
  당신은 이미 부자의 마인드를 가졌다. 이제 실행만이 남았다.

- **70~89점**
  준비는 잘 되어 있다. 약간의 전략 조정과 실행이 필요하다.

- **50~69점**
  부자가 되려는 열망은 있지만, 지식과 몰입이 부족하다. 학습과 훈련이 필요하다.

- **49점 이하**
  지금 상태로는 부자가 되기 어렵다. 마인드셋과 환경을 전면 점검하라.

(최대 100점)

정상을 지배한 힘, 결국 멘탈
EPISODE 1.

> **《정신력이 만든 전설: 타이거 우즈의 멘탈 투자》**

> "내가 집중력을 유지하고, 위기에서 무너지지 않게 해 주는 가장 강력한 파트너는 코치가 아니라 멘탈 트레이너다."
> - 타이거 우즈

골프는 물리적 기술뿐만 아니라 정신적 강인함이 승부를 가르는 스포츠다. 4시간이 넘는 경기 시간 동안 수십 번의 정밀한 샷을 반복해야 하는 골프에서, 순간의 집중력 흐트러짐이나 감정의 동요는 곧바로 스코어에 반영된다. 이를 누구보다 잘 알고 있던 타이거 우즈는 자신의 성공 비결을 기술적 완성도가 아닌 정신적 훈련에서 찾았다.

타이거 우즈는 13세부터 아버지 얼 우즈의 소개로 해군 출신의 임상심리학자 제이 브룬자$_{\text{Dr. Jay Brunza}}$ 박사와 함께 체계적인 멘탈 트레이닝을 시작했다. 브룬자 박사는 단순한 상담자가 아니라 타이거의 골프 인생에서 핵심적인 역할을 담당했다. 그는 타이거가 아마추어 시절부터 8년간 전담 스포츠 심리학자로서 경기 전 루틴 설계, 심리 상태 진단, 그리고 압박 상황에서의 대처 전략을 함께 개발했다. 특히 브룬자 박사는 타이거의 아마추어 시절 캐디 역할까지 겸하며, 경기 중 실시간으로 멘탈 코칭을 제공했다.

타이거의 멘탈 트레이닝은 과학적이고 체계적이었다. 그는 경기 전 일정한 루틴을 통해 심리적 안정감을 확보했고, 샷 전 반복되는 동작을 통해 신체의 자동화를 유도했다. 브룬자 박사는 타이거에게 창의적 상상력과 자신감을 극대화하는 기법들을 전수했으며, 이는 타이거가 압박 상황에서도 흔들리지 않는 정신력을 갖추는 데 결정적인 역할을 했다. 특히 주목할 점은 타이거가 단순히 기술적 완성에만 집중하지 않고, 정신적 준비를 경기의 핵심 요소로 인식했다는 것이다.

타이거 우즈의 전성기 시절 연속된 메이저 대회 우승과 세계 랭킹 1위 장기간 유지는 이러한 체계적인 멘탈 트레이닝의 결과였다. 그는 "기술적 능력은 기본이고, 진정한 승부는 정신력에서 결정된다"고 믿었으며, 이를 실제 성과로 증명해 보였다. 브룬자 박사는 타이거의 창의적 상상력과 자신감이 "차트를 벗어날 정도로 뛰어났다"고 평가하며, 그와의 작업을 "레오나르도 다 빈치와 함께 일하는 것 같았다"고 표현했다. 타이거 우즈의 성공은 단순히 타고난 재능의 결과가 아니라, 정신적 훈련에 대한 체계적 투자와 과학적 접근의 산물이었다. 그의 사례는 최고 수준의 경쟁에서 기술적 완성도만으로는 한계가 있으며, 정신적 강인함이야말로 진정한 경쟁력이라는 것을 보여준다.

2부 WORK

증명하지 못한 모든 것을 거부하라

진짜를 증명하는 것은 결과다: 위대한 영업인의 길

▌업에 대한 가치 정립

살다 보면 진실의 순간을 맞닥뜨리게 된다. 시합 전까지는 링 밖에서 서로 강한 척을 할 수 있겠지만 실제로 링 위에 올라가서 자웅을 겨루게 되면 승자가 결정된다. 입으로는 누구나 떠벌리고 허풍을 칠 수 있지만 그것이 진짜인지 가짜인지는 시간이 지나면 반드시 눈으로 확인할 수 있게 된다는 것이다. 결과를 내는 사람이 진짜다. 시간이 흘러도 결과가 안 나오는 사람은 진짜가 아닌 가짜인 것이고 빈 수레가 요란하다는 속담과 어울리는 자다. 업에 대해서도 우리는 진짜와 가짜를 반드시 구별해 낼 수 있다. 다들 영업을 하기 전에 누구보다 자신이 잘 할 것이라고 큰소리를 칠 수 있지만 진짜배기가 되려면 결과가 반드시 나와야만 한다. 큰소리쳤지만 실제로는 보험회사에서 월 최저 환산 30만 원 정도의 실적을 가진 사람도 있는데, 이들은 입사해서 1년도 못 버티고 요란만 떨었던 빈 수레였음을 증명하고 퇴사하게 된다.

보험 영업을 예로 들어보자. 보험 영업을 할 때 당당하게 고객들을 만나는 사람과 당당함을 갖추지 못한 채 고객들을 만나는 사람은 어떤 차이가 있을까? 여러 가지 차이가 있을 것이다. 그중에 하나 강조하고 싶은 것이 있다. 사람들을 당당하게 만나고 다니는 설계사는 보험업에 대한 가치를 너무나 확실하게 느끼고 있다는 점이다. 보험업을 오랜 시간 제대로 해온 사람이라면 당연히 업에 대한 자부심과 긍지 그리고 사명감을 깊게 느끼기 마련이다.

한 가정의 경제를 책임지고 있는 가장이 갑자기 암에 걸렸다면 엄청난 병원비가 필요하다. 그때 신에게 치료비를 달라고 빌어대면 신이 돈을 주나? 그런데 보험설계사를 제대로 잘 만나서 보험을 들었다면 그 설계사는 신도 해결해 줄 수 없는 일을 해준 은인인 것이다.

법인 대표들을 대상으로 드는 보험도 마찬가지다. 회사 대표가 갑자기 사망하면 엄청난 후폭풍이 오게 된다. 우리나라 회사는 대부분 비상장 주식회사임에도 불구하고 그 회사를 경영하는 법인대표들은 비상장 주식가치를 제대로 파악하지 못하는 경우가 많다. 왜냐면 대체적으로 일에 몰입해있고 너무 바쁘다 보니 웬만해서는 세무적인 부분에 신경을 잘 쓰지 못하기 때문이다. 회사가 성장하는 단계에서 대표가 건강 악화 등으로 갑작스럽게 사망하는 일이 벌어지면, 예상하지 못했던 어마어마한 상속세를 내야만 하는 일이 종종 발생하는 것이다. 상속세 재원 마련에 전혀 신경 쓰지 못했던 유가족은 회사가 문을 닫는 것을 속수무책으로 지켜봐야 할 뿐만 아니라, 상속세를 마련하느라 기존 재산이 거의 없어지기도 하는 황당한 상황을 겪기도 한다.

절세 전문가들이 미리 준비를 제대로 해주어야만 이렇게 준비하지 못한 죽음으로부터 생겨나는 모든 세금 문제를 해결하고 가족들이 온전하게 삶을 이어갈 수 있다. 예상치 못한 재앙 같은 문제를 해결해 준 종합금융전문가는 결국 유가족의 은인이 되는 것이다.

보험 판매를 잘하기 위해서는 반드시 이 보험업의 위대한 가치를 마음속에 깊게 새기고 살아가야 한다. 자신이 신의 대리자 역할을 하면서 사람들에게 반드시 닥칠 엄청난 문제를 미리 해결해주는 최고의 해결사이며 은인이라는 것을 알아야 한다.

사람들에게 보험에 가입하라고 권유하면 매번 듣는 거짓말이 있다. 그건 돈이 없다는 헛소리다. 누구나 돈은 있다. 최극빈층도 생산적인 일을 하면 비록 크지 않더라도 작은 돈이라도 벌게 된다. 돈은 누구나 벌지만 벌어놓은 돈을 갖고 목적 자금을 만든 사람이 있고 그렇지 못한 사람들이 있을 뿐이다. 보험설계사들은 미래에 필요하게 될 치료비를 위해 고객이 건강하고 납입할 수 있는 여력이 있을 때 보험에 가입시킴으로써 그 가정의 행복을 지켜주는 일을 한다. 이런 설계사들이 열심히 활동을 하지 않았다면 일정의 돈을 보험료로 준비하지 못한 채 병에 걸려서 처참하고 곤란한 상황을 겪는 사람들이 세상에 너무나 많이 존재할 것이다.

보험설계사가 단순히 돈을 벌려고 보험을 판매하는 사람이 되면 영업은 가시밭길처럼 어려워질 것이다. 보험의 진정한 가치를 그 누구보다도 제대로 깨닫고 사람들을 돕는다는 사명감으로 보험을 팔 수 있는 자만이 구매 의사가 없었던 사람들에게까지 보험을 판매할 수 있고 그들로부터 감사까지 받게 된다.

▍철학이 없다면 어떤 업에서도 오래가지 못한다

나는 확신한다. 이 세상 어떤 업에서든, 성공의 본질은 영업이며, 영업의 본질은 철학이다.

직장인이든, 사업가든, 프리랜서든 결국 우리는 모두 누군가에게 나를 팔아가며 살아간다. 평범한 직장인도 영업과 전혀 무관하다고 할 수 없다. 결국 현재 몸담고 있는 직장에서 성장하여 이직하고, 몸값을 올려가야 하지 않는가. 그런데 내가 얼마나 신뢰받는 사람이냐는 것이다. 많은 사람들은 이 '신뢰'라는 가치를 너무 가볍게 여긴다. 특히 '영업'이라는 단어 앞에선 더더욱.

나는 보험 영업을 하고 있다. 하지만 이 일은 단순히 상품을 파는 일이 아니다. 나는 신뢰를 파는 사람이다. 그리고 그것은 보험뿐 아니라, 정수기를 팔든, 명품 가방을 팔든, 혹은 직장 안에서 자기 능력을 인정받고 싶은 사람이든 모두에게 해당하는 이야기다.

나는 분명한 생각을 갖고 보험업에 진입했다.

"나는 이들과 다르다."

돈만 좇는 영업인, 철학 없는 설계사들과 같은 테이블에 앉고 싶지 않았다. 하지만 안타깝게도 이 판에서 그런 사람은 너무 많았다. 대충 살아온 인생의 연장선으로 보험을 시작한 사람들. 그들은 사명도, 의미도 없이 '이거라도 해보자'며 시작했다가 1년도 못 버티고 사라진다. 매일 '돈, 돈, 돈'만 외친다. 고객의 인생에는 관심이 없고, 스스로도 이 일이 무엇인지 모른 채 시간을 흘려보낸다.

그런 사람들 사이에서, 나는 철학으로 움직였다. 내가 왜 이 일을 하는지, 고객에게 어떤 가치를 줄 수 있는지 끊임없이 고민했다. 대부분의 영업인들은 고객에게 닿지 못한다. 신뢰를 주지 못하니까. 고객 입장에선 설계사가 너무 많고, 말은 뻔하고, 믿을 수 없는 사람이 대부분이다. 그런데 그 와중에 누군가 철학을 갖고 다가오면 완전히 다른 반응을 보이게 된다. 사람들은 놀라고 감동하고, 진심으로 나에게 귀를 기울인다.

영업의 세계는 결국 '진실의 순간'으로 판가름 난다. 그 사람에게 내가 통했는가, 통하지 않았는가. 모든 건 그 순간 드러난다. 그리고 철학이 있는 사람만이 그 순간에 살아남는다. 설계사의 일은 고객의 무의식 속에 있는 보험 니즈를 꺼내는 일이다. 대부분의 사람은 보험에 대해 어느 정도는 필요성을 느끼고 있다. 하지만 그 니즈가 강하게 드러나지 않을 뿐이다. 그런데 철학이 없는 사람은 그 니즈를 꺼내지 못한다. 그리고 결국 아무것도 팔지 못한 채, 스스로를 탓하며 사라진다. 다시 강조하지만, 철학 있는 사람에겐 경쟁자가 없다.

대충 하는 사람들이 많을수록, 철학 있는 사람의 존재감은 더욱 도드라진다. 나는 철학을 가지고 영업을 한다. 그리고 그 철학은 내가 어디에 있든 나를 지켜주는 가장 강력한 무기가 된다. 보험이든, 책이든, 교육이든, 세상 무엇을 팔든 상관없다. 결국 사람들은 **'가치관이 선명한 사람'**에게 지갑을 연다. 영업을 가볍게 보지 마라. 신뢰는 가장 무거운 무기다. 그리고 그 무기를 다룰 줄 아는 사람이 결국, 어떤 업에서도 독보적인 사람이 된다.

1년만 버텨라

보험회사나 영업직에 종사하는 사람들은 입사 후 아마도 이런 말을 자주 듣게 될 것이다. 1년만 잘 버티면 성공할 수 있다는 말이다. 보험업 관리자들은 많은 신입들을 보면서 초반에 고전했던 사람들도 1년 뒤에는 잘해낸다는 나름의 데이터 기반으로 이런 말을 해주는 것 같다. 하지만 버티란 말에는 이미 이 일이 너무 힘들고 어려운 일이란 것이 기본적으로 내포되어 있는 것이다. 사람들은 어떤 일이 어렵고 힘들다고 인지를 하는 순간 그 일을 제대로 해낼 수 없는 존재다. 힘들고 어렵다고 인지하는 순간 정신의 90%를 차지하는 무의식의 언어가 실패하는 상상을 하게 되고, 그럼 10% 의식의 언어인 논리는 전혀 힘을 쓰지 못하게 돼버리기 때문이다.

그래서 자신이 사용하는 언어에 어렵고 힘들다는 뉘앙스가 느껴지는 단어가 있으면 안 된다. 그런 단어들을 쓰는 것은 곧 자신의 힘을 스스로 제한시켜버리는 것과 같기 때문이다. 또한 버틴다는 것은 의지할 데가 없어도 죽을힘을 다해 견딘다는 것인데, 깨달은 사람은 이 세상에서 통용되는 법칙을 늘 각인하고 살기에 오직 집중하는 순간들이 있을 뿐 어렵고 힘들다는 생각은 하지 않는다.

영업을 하면서 계속 힘든 마음을 갖고 버티고 있는 사람이 되지 말라. 오랜 시간 동안 계속 영업을 잘한 사람들이 세상에 꽤 많지 않은가. 이렇게 세상에서 나 혼자 노력하는 것이 아니라 더 열악하고 안 좋은 상황에서도 노력하고 남다른 성과를 낸 사람들이 많았다는 것을 명심해야 한다. 그렇게 진심을 다하고 진리를 활용해서 열매를 맺고 살아간 사람들에 관해서 제대로 알려고 하는 노력이 추가적으로 필요하다. 영업인이라면 성공적으로 영업을 잘 해서 큰 성취를 이룬 고수들의 경험담이 담긴 책들을 많이 보고, 기회가 된다면 강의나 만남을 통해 간접 경험을 많이 하기를 바란다.

보통의 사람들은 어느 정도 기간까지는 열심히 노력하는 모습을 보여주다가도 일정 시간이 지나면 주저앉아버리는 경우도 많다. 이렇게 사니 너무 외롭고, 사는 것 같지가 않다는 말들을 하면서 노력을 멈춰버린다. 이들은 대단하고 가치 있는 삶을 살아간 멘토, 스승에 대한 감동을 마음속 깊이 간직하지 못했기 때문에 이런 말들을 무심코 뱉어내는 것이다.

열심히 오랜 시간 노력했다고 외로워지는 것이 아니다. 열심히 오랜 시간 노력하는 그 와중에 무엇이 가치 있고 대단한 것이며 의미 있는 것인지를 느끼지 못하면서 노력했기에 외로움을 느낀 것이다. 자신의 노력을 인정하고 대단하게 생각하면서 자부심을 키운 사람은 외로움을 이야기할 필요가 없다.

이 부분을 이해하지 못한 사람이라면 자신처럼 수준이 높지 않은 사람들과 이야기 나누면서 여러 가지 변명과 핑계를 늘어놓을 것이다. 그들은 술잔을 기울이며 자신들과 달리 노력으로 성과를 이룬 사람들을 깎아내리고 낄낄대며 웃을 것이다. 이런 식의 만남이라면 아무리 많은 시간을 들이더라도 외로운 사람들이 더 외로움을 만들어내는 일밖에는 되지 않는다. 마음이 강한 사람들은 남들에게 긍정적인 영향을 주지 결코 부정적인 이야기를 전하거나 불쾌함을 전달하지 않는다.

결론적으로 영업에 대한 지식도 갖추지 못해 영업을 하지 못하면서 남들이 주는 월급이 세상의 전부인 양 살아가는 사람들이야말로 한 해 한 해 간신히 버티면서 살아가는 사람들인 것이다.

▌최고의 캐릭터가 되어 연기하라

우연히《너의 목소리가 보여》라는 TV 프로그램을 몇 번 보게 되었다. 참가자의 노래를 듣지 않고 그들이 주장하는 이야기나 외모, 분위기 등을 보면서 노래를 잘하는 사람인지 아니면 음치인지를 구분하는 프로그램이다. 노래를 아주 잘할 것이라고 예측했던 사람이 사실은 음치였다거나 반대인 경우로 사람들이 크게 놀라는 것을 주력으로 강조하는 프로그램인 것이다. 아무 생각 없이 시청하다 보니 시간 가는 줄 몰랐다. 그런데 음치라고 밝혀진 사람들의 노래를 듣다 보면 해도 해도 너무 노래를 못 부르는 사람들이 많았다. 음정이나 박자는 기본으로 무시하고 '이 사람이 정상이 맞는가?' 의심이 들 정도였다. 모든 방송은 기획 의도에 따라서 어느 정도 과장이 들어갈 수밖에 없다고 하지만, 이 프로그램에 출연한 음치 분들은 현실성이 없을 정도의 과장된 모습을 연출하고 있었다. 누군가는 이 출연자들이 정말 답이 안 나오는 음치라서 그런 것이지 연기가 아니라고 할지 모르겠지만 분명히 과장된 억지 연기인 것이 분명하다.

만약에 음치 연기를 지시받은 연기자들에게 돈을 주는 대신 총을 머리에 겨누고 노래를 제대로 안 부르면 죽이겠다고 하면,

그래도 방송에서 보여줬던 황당한 실력(?)의 노래를 할까? 절대 그렇지 않다. 목숨이 걸린 상황이었다면 절대로 그렇게 막 부르지 않았을 것이다. 내가 말하고 싶은 것은 사람들은 역할 연기를 매우 잘한다는 것이다. 문제는 그것이 대충 대충 살아가는 안타까운 연기란 점이다. 일을 할 때 목숨을 건 자세로 노력하는 사람들의 제대로 된 삶을 배워라. 누가 보든지 보지 않든지 스스로가 확립한 기준을 넘으려고 경주하면서 살아가는 사람이 되어야 한다.

최선을 다해서 최고가 되려고 하는 자들은 소수이고, 노력을 제대로 하지도 않고 중도 포기한 채 체념하면서 살아가는 사람들이 다수이다. 당신은 어느 쪽에 속하겠는가?

하는 일마다 1등이 되는
나만의 법칙

보험회사에 당당히 입사한 이유, 삼성생명 WM을 경험하다

'멘탈 강의로 그렇게 유명한 박세니가, 왜 보험회사에 입사했을까?'

많은 사람들이 의아해하고 궁금해한다. 내가 입사했던 삼성생명 WM(Wealth Management) 지역단은 2014년, 고액자산가들을 위한 특수조직으로 창단되었다. 상속, 증여, 가업승계, 법인 컨설팅, 자산 증식 등 고소득층의 복합적인 니즈를 해결하기 위해, 삼성생명 FC 중에서도 실적 상위 300명 안에 드는 사람들 중에서 특별히 부유층을 이해하고 설계할 수 있는 정예 인력만 선발해 헤리티지 삼성센터, 헤리티지 서울센터, 헤리티지 강남센터 총 3개 센터, 60명을 추려낸 것이다. 내가 입사를 마음먹은 가장 큰 계기는 이 조직이 가진 명확한 철학이었다. 고객에게 부(富)뿐 아니라 철학과 가치를 함께 물려줄 수 있도록 돕는 것. 단순한 재무 상담이 아니라, 그 집안의 미래와 정체성까지 함께 설계해주는 일이다. 그래서인지, 60등으로 입성한 FC조차 연소득이 약 6억 원에 달했다는 이야기가 있을 정도로 치열하고 탁월한 인재들만이 모인 조직이었다.

나는 그 WM 조직 중에서도 '헤리티지 삼성센터'에 입사했다. 그것도 혼자가 아니라, 제자 10명과 함께. 그리고 2023년 4월 3일 멘탈 수업으로 인연을 맺었던 분들, 나를 믿고 따랐던 이들이 삼성생명의 FC로 새 출발을 함께했다. 그 이후 9개월 동안, 나는 무려 65명의 신규 인재를 리크루팅했다. 이것은 삼성생명 전체를 통틀어 압도적인 전국 1위였다. 하지만 더 중요한 사실은, 단순히 인원만 많은 것이 아니라 내가 리크루팅한 분들 대부분이 이미 사회적으로 인정받고 있는 훌륭한 분들이라는 것이다. 그들은 나와 함께 '멘탈 수업'을 통해 자신을 단련하고,

자신만의 철학을 가진 사람들이다. 단순한 숫자가 아니라, 완성되기 위해 노력하는 사람들이었기에 삼성생명에 입사하자마자 평균보다 월등한 실적을 내는 경우가 대부분이었다.

그 덕분에 센터장님과 단장님들뿐만 아니라 기존에 최고 실적을 내던 명인님들까지 '박세니 제자들은 다르다'며 먼저 도움을 주려는 분위기가 자연스럽게 형성되었다. 삼성생명이라는 큰 조직 안에서도, 나는 나의 방식으로 '누군가의 가능성을 열어주는 일'을 계속한 것이다. 멘탈 강의에서 다루던 핵심은 결국 사람의 믿음, 태도, 성장, 책임감이었다. 이 모든 것들은 영업의 현장, 특히 삶과 재정, 미래를 다루는 보험이라는 일에서 더 빛을 발하고 있다.

나는 지금도, 이 일을 단순히 '파는 일'이라고 생각하지 않는다. 이건 '설득'이 아니라 '확신을 전하는 일'이고, '계약'이 아니라 '인생에 관여하는 일'이다. 그래서 나는 당당하다. 그리고 이 영업의 가치를 제대로 알고, 진심으로 임하는 사람들이 결국 자신도 성장시키고, 고객의 인생도 바꾸는 전문가로 거듭난다는 사실을 나는 매일 증명하고 있다.

나는 늘 생각해왔다. 영업이야말로 강력한 정신과 철학을 갖춘 자라면 누구나 크게 성장하고, 경제적 자유를 이룰 수 있는 분야라고. 그래서 교육자로서 나와 함께한 제자들이 단순히 생계를 위한 직업이 아니라, 삶을 바꾸는 직업으로서 '영업'의 길에 진입하길 바랐다. 내가 젊은 시절 그렇게 살아왔듯, 그들도 영업을 통해 환희와 기쁨을 누리며 살 수 있다는 확신이 있었기 때문이다. 그 결과, 보험업을 전혀 모르던 제자들 대부분이 빠르게 적응했고, 남다른 성과를 내며 당당한 영업인이 되어갔다. 나는 '영업 전도사'가 되어, 많은 이들에게 새로운 삶의 가능성을 알리고 있었다.

삼성생명에서의 증명과 전성기

2023년 4월부터 6월까지, 본업인 심리교육과 병행하며 약 2개월 만에 100명이 넘는 신규 설계사를 도입했고, 인원은 27명에서 130명 수준으로 증가하며 초대형 지점으로의 승격식을 치렀다. 나를 믿고 함께한 제자들은 수도권과 전국 각지에서 활동했다.

센터장님과 단장님은 진심으로 고마워했고, 내가 데려온 분들 대부분이 성실하게 정착해 성과를 내자, 센터는 전사 최우수 센터로 선정되며 자주 업적 신기록을 경신했다. 이후 삼성생명 임원진과의 여러 미팅이 이어졌다. 그들은 내게 이런 리크루팅 퍼포먼스를 이어간다면 명예본부장, 명예부사장으로 임명될 것이라 말하며, 2025년 연도 대상부터는 리크루팅 부문을 세분화해 대상부터 5등까지 수상하며 상금도 지급하겠다고 약속했다. 이전까지는 연도 대상에서 리크루팅 실적이 1~2명 기준이었기에 수상 자체가 없던 것을, 나로 인해 제도를 바꾸기로 한 것이었다.

그 무렵 삼성생명에서 받은 내 첫 월 소득은 4천만 원 후반대였고, 많을 때는 6천만 원을 넘어섰다. 삼성생명 본사에서 내 사무실도 직접 마련해주었다. 이처럼 모든 조건이 완벽했고, 나는 제자들과 함께 누구보다 안정적인 성장을 이뤄가고 있었다. 그렇게 한창 보람을 느끼던 어느 날, 내 수강생 명단 중 한 분에게 전화를 걸었다. '설계사/GA'라고 되어 있던 그 수강생은, 내가 면접을 권유하자 정중히 응해주었지만, 면접 후 나에게 다른 제안을 했다.

본인이 삼성생명에 있다가 지금은 다른 회사에 근무 중인

데, 그 회사의 회장님을 꼭 한 번 만나보셨으면 한다는 것이다. 그분은 다름 아닌 내가 지금 몸담고 있는 에이플러스에셋의 곽근호 회장님이다. 그분은 삼성생명의 WM 조직을 직접 기획하고 만든 인물이었고, 현재는 GA(General Agency)인 에이플러스에셋을 이끄는 리더였다.

우물 안 개구리, 제자들에게 정말 유리한 선택은?

곽 회장님과의 만남은 내 사고를 송두리째 흔들었다. 그는 단일보험사인 원수사와 모든 보험사 상품을 취급하는 보험사인 GA의 구조적 차이를 설명했다. 그리고 그 만남에서 가장 충격적이었던 회장님의 말씀은, 지금까지 내가 삼성생명으로 데려간 100여 명의 제자들은 나로 인해 한정된 상품 안에서만 움직이게 되었다는 말이다. 이 말은 그들의 리더인 내 가슴을 찔렀다.

나는 제자들을 사랑하는 마음으로 더 나은 삶을 살게 해주고 싶었다. 그런데, 혹시 내가 그들을 '우물 안의 개구리'로 만들어버린 것은 아니었는지 자괴감이 들었다. 고객 중심으로 본다면, 다양한 보험 상품을 제안할 수 있는 GA야말로 진정한 그 분야 전문가의 길일지도 모른다는 생각이 들었다. 회장님의 요청으로 에이플러스에셋의 교육과정을 참관했고, 나는 그 자리에서 GA 시스템의 압도적인 강점을 눈으로 확인했다.

그리고 마침 에이플러스에서는 내게 단장 역할을 맡아달라고 제안해왔다. 그건 곧, 내가 하던 교육 일에 제약이 생길 수도 있다는 뜻이었고, 무엇보다 삼성생명에서 매달 받던 안정적인 수입보다 훨씬 적은 돈을 받게 될 거라는 것도 뻔히 보였다.

그동안 삼성생명에서의 내 역할은 사실상 '리크루팅'에 국한되어 있었다. 교육은 삼성생명이 맡았고, 나는 평생 걸어온 심리교육의 길을 그대로 걸으며 매달 수천만 원의 수익을 부가적으로 얻게 되는, 말 그대로 '이상적인 조합'이었다. 게다가 임원진은 몇 년만 더 리크루팅을 유지하면 내게 명예부사장이라는 자리도 가능하다고 했다. 내가 좋아하던 심리강의도 그대로 할 수 있고, '보험업'이라는 직업에 직접 관여하지 않아 사회적 인식의 리스크도 피할 수 있었다.

반면, GA에서는 단장의 역할로 직접 조직을 운영해야 했고, 교육업과 병행하는 데에 더 많은 시간과 에너지를 써야 했다.

경제적으로도, 삶의 루틴 면에서도 불리한 선택이었다. 그럼에도 불구하고, 나는 '내가 가야 할 길'이 아닌, '제자들이 잘될 길'을 택하기로 했다.

정말 많이 고민했다. 그런데 결국 나는 또 한 번, '박세니답게' 지금 누리고 있는 것을 놓아버리기로 했다. 그리고 제자들에게 가장 좋은 환경을 주는 쪽을 택했다. 삼성생명에서는 매달 수천만 원씩 받던 소득을 내려놓고, 더 낮은 수익을 각오하며 에이플러스에셋으로 발걸음을 옮겼다.

GA에서는 '이적료'가 관행이다. 나에게도 몇 억 원에 달하는 조건이 제시됐다. 하지만 나는 단호히 거절했다. 내가 돈 때문에 회사를 옮겼다는 말이 제자들 사이에 돌게 될까 봐, 그것이 두려웠다. 내가 이동하기로 결정한 것은 제자를 단 한 명도 잃고 싶지 않았기 때문이고 '신뢰'를 지키기 위한 선택이었다. 몇 억의 이적료보다, 제자들에게 보여주는 내 진심과 철학이 더 소중했기 때문이다.

또 한 번의 이동, 그리고 다시 한번 증명하다

진짜 리더는 자신의 이익보다 사람을 택한다. 이 글을 읽는 독자에게 묻고 싶다. 당신이라면 어떤 선택을 했겠는가? 나는 지금도 확신한다. 리더란 자신의 이익보다 사람을 선택할 줄 아는 존재여야 한다고. 영업이 단순히 판매의 기술이 아니라, 삶의 방향성과 철학의 확장임을 나는 제자들에게 보여주고 싶었다. 그리고 그것을 위해, 나는 가장 안정된 자리에서 다시 한 번 '증명'의 길로 나섰다.

에이플러스에셋은 대한민국 GA 중에 유일한 코스피 상장회사이고 차별화된 영업시스템을 갖고 있기에 인당 생산성이 전체 중 1등을 하는 독보적인 회사다. 설계사 인원은 6,700명을 넘기고 내년에는 1만 명을 돌파하게 될 것이며 머지않아 GA 최초로 금융판매 전문회사로 발돋움할 것이 분명하다. 최고의 보험사인 에이플러스에셋으로 2024년 7월에 들어와서 6개월 동안 직도입 인원만 50명을 넘겨서 2025년 리크루팅 전사 1등을 했다.

나는 삶의 루틴을 지키면서 일할 수 있었고, 그것에 만족하며 살아왔다. 그러나 내 이익도 중요하지만, 늘 교육자로서 내가 가르친 사람들이 멋지게 살아가길 바라는 마음이 컸다.

이 이야기가 보험업계에만 해당되는 건 아니다. 내가 정말 말하고 싶은 건, 한 리더의 선택이 조직의 운명을 바꿀 수 있다는 것, 그리고 그 선택이 조직원들의 삶과 생계를 바꾸는 일이 될 수 있다는 사실이다. 좋은 기회가 찾아왔을 때, 그게 내게 당장 이득이 되는 일이 아니더라도 결단하고 움직일 수 있어야 한다. 팀원들에게 더 나은 환경이 있다면, 그곳으로 데려가야 한다. 그리고 그 선택의 결과가 무엇이든, 그건 내가 끝까지 책임질 일이다.

업계 최고의
지식 노동자가 되어라

▌영업은 긴 노력과 시간이 필요한 종합 예술이다

영업 중에서도 특히 보험영업은 평생을 다해 이 업에 종사하겠다는 사람들만 하는 것이 맞다고 생각한다. 그렇지만 현실은 그렇지 않을 것이다. 보험업을 하게 되면 돈을 많이 벌 수 있다는 이야기를 듣고 그냥 한번 뛰어들어서 1년도 채 버티지 못하고 나가는 사람들이 부지기수로 많다. 사실 어떠한 직업이나 분야에서든 마찬가지겠지만 그 분야에서 오랜 세월 진심을 다한 사람을 따라갈 수 없다.

꾸준하게 매일 정성껏 노력하는 자세는 영업으로 성공하기 위해 기본적인 필수 요건이다. 이 기본이 탄탄해야 하는데 요즘은 기본을 갖추지 못한 사람들이 많다. 팀 페리스의 『난 4시간만 일한다』라는 책이 유행했던 적이 있다. 요즘 세상의 트렌드는 '최소한의 노력을 해서 최대한의 효율'을 얻는 것이다. 그런데 이것이 정말 가능한 것인가? 최소한의 노력을 해서 최대한의 효율을 얻겠다는 것은 일견으로 너무나 효율적이고 현명한 것 같아 보인다. 하지만 자신의 분야에서 최고가 되려는 목표를 갖고 죽을힘을 다해서 더 이상 할 수 없을 정도로 노력해본 사람이 하는 최소한의 노력과 적당하게 살아가면서 평균 이하의 노력을 간신히 해온 사람이 할 수 있는 최소한의 노력이 같은가? 둘 다 최소한의 노력을 한 것이겠지만 실상은 하늘과 땅 차이로 벌어질 수 있는 최소한의 노력이 되어 있을 것이다.

여러 심리학 실험을 봐도 어떤 일을 할 때 그 일을 '평생 할 것'이라고 생각하면서 하는 것과 '일정 기간만 하고 안 할 것'이라고 생각하면서 하는 것에는 수행능력과 성취도 측면에서 엄청난 차이가 나는 것을 확인할 수 있다. 동일한 업무 환경에서도, 장기적인 자기 정체성에 연결된 사람은 더 깊이 몰입하고 성취도 역시 높다. 즉 일을 삶의 일부로 받아들이는 사람과 임

시방편으로 여기는 사람 사이엔 결국 큰 차이가 벌어진다는 것이다.

영업은 사람의 마음을 얻는 일련의 과정이다. 이건 계속해서 사람들을 만나고 또 만나면서 가다듬어지게 된다. 솔직히 하루라도 쉬면 감을 잃는다. '영업의 고수'가 되기 전까진 하루도 쉬지 않고 매일 영업을 해야만 하는 것이 맞다. 절정 고수가 된 후에는 어느 정도 완급 조절을 하며 영업을 해도 이미 무의식 속에 노력이 당연시되어 있기에 잘해낼 수 있다.

자기 분야에서만큼은 최소한의 본질적 지식을 갖춰야 한다

2023년 4월 삼성생명에 입사하기 전부터 종종 보험회사의 요청이 들어와 심리교육전문가로서 강의를 했다. 그때 강의를 들었던 보험설계사들이 많았지만 사실 그들로부터 철학적이고 멋지다는 느낌은 거의 받은 적이 없었다. 그저 돈 욕심이 많을 뿐 본질적인 지식은 부족한 설계사들이 대부분이라고 생각했다.

제대로 된 실력 있는 보험설계사라면 고객들보다 돈에 대해서 더 잘 알아야 하고 돈을 효과적으로 투자하는 방법과 절세하는 방법 등 여러 가지 전문 지식을 갖춰야 한다. 대부분의 설계사들은 잠재 고객들에게 지금보다 더욱 더 부자가 될 수 있도록 돕겠다고 말하면서 접근할 것이다. 그러나 실상 본인이 부자가 아니라면 그 말을 어떻게 믿을 수 있겠는가? 본인 앞가림도 못 하는데 어떻게 설계사보다 더 부자인 고객을 도울 수 있단 말인가? 그래서 대체적으로 설계사들은 자신보다 부자인 이들 앞에서 기가 죽고 위축되기에 부자들을 만나러 가지 않는다. 사실 만나러 갈 수 없는 것이다. 만나러 가 봐야 통하지 않을 것을 미리 알고 있기 때문이다.

▎고객을 나만의 영업사원으로 만들어라

내가 직접 영업을 하지 않아도 기존 고객이 소개를 통해 신규 고객을 지속적으로 만들어내 준다면 얼마나 좋을까? 이런 생각을 해보지 않은 영업인이나 자영업자는 없을 것이다. 하지만 대부분은 그저 막연하게 바라고 있을 뿐, 그 일이 실제로 가능하다고 진심으로 믿지도, 구체적인 전략으로 실행하지도 않는다. 그렇다면 소개가 '자동으로' 나오는 구조는 정말 불가능할까? 그 해답을, 한 뛰어난 판매자의 실제 사례에서 이야기해 보려 한다.

지금까지 당신이 구매했던 물건이나 경험 중, 당신을 완전히 사로잡은 것이 하나쯤은 있을 것이다. 너무 만족스러워서 누가 시키지 않아도 지인에게 이야기하고 심지어 여러 번 반복해서 추천했던 그런 경험 말이다. 그 물건은 단순히 좋다는 수준을 넘어서, 당신이 자발적으로 전도자가 되게 만들었던 제품이었을 것이다. 심지어, 그 물건을 설명할 때 당신은 전문가처럼 느껴졌을 것이고 지인들은 그 설명을 신뢰했기에 실제로 따라 사기도 했을 것이다. 이 원리는 어떤 판매나 서비스 제공 상황에서도 똑같이 적용된다. 당신이 고객에게 상품이나 서비스를 제공한 후, 그 고객이 자신의 지인에게 당신을 소개하게 만들고 싶다면, 고객이 당신의 상품을 충분히 이해하고 있어야만 한다. 어느 정도냐면 고객의 입으로 그 상품이나 서비스의 핵심 장점과 특징을 설명할 수 있을 정도로 만들어야 한다. 그렇지 않다면, 아무리 만족스러운 제품이어도 그에 대한 이야기가 입 밖으로 나오지 않는다. 물건만 팔면 되는데, 고객을 이해시키는 데 시간을 들이는 게 비효율적으로 느껴질 수도 있다. 하지만 오히려 그 반대다. 고객이 이해할수록 당신에 대한 신뢰는 높아지고, 재구매와 추천 가능성은 기하급수적으로 올라간다.

고객이 '이해한' 상품은 오래 유지된다. 이해하지 못한 상품은 쉽게 잊히고, 쉽게 구매를 그만두게 된다. 당신이 고객에게 정말 좋은 것을 팔았다고 해도 고객 스스로 그 가치를 표현하지 못한다면, 그것은 아직 '진짜 판매'가 아니다. 가장 강력한 소개 마케팅은 이것이다. 고객이 자신의 입으로 **제품의 강점**을 이야기하게 만들어라.

예를 들어, 고객에게 이런 질문을 해보라. "고객님, 오늘 받아보신 서비스가 왜 좋았는지 누가 물어본다면 뭐라고 설명하시겠어요?" 고객의 대답을 듣고, 부족한 점이 있다면 핵심을 짚어주고 피드백해 주어라. 고객이 말을 잘하면 기분 좋게 칭찬하라. 이 과정을 거친 고객은 자연스럽게 그 이야기를 주변 사람들에게 하게 된다. 이것이 바로 진짜 **완전한 판매**다.

단순히 빨리 많이 파는 게 전부가 아니다. 고객이 이해하고, 소화하고, 전달할 수 있게 했는가? 이 질문에 '예'라고 대답할 수 없다면, 아직 반쪽짜리 판매다. 진짜 고수는 많은 사람을 만나기보다, 한 사람을 만나도 완전한 판매를 한다. 고객이 당신의 상품을 이해하고 설명할 수 있게 만든다면, 그는 당신의 고객이 아니라, 당신의 영업사원이 된다.

▎선입견 너머의 진짜 역할

보험을 극도로 싫어하는 사람들이 있다. 거의 혐오하듯이 싫어하는 사람도 가끔 있는 것 같다. 일단 보험을 너무나 싫어하는 사람들의 공통적 특징은 어릴 적에 가난한 집에서 성장했다는 점이다. 가난한 집의 가장이 보험을 가입했다고 치자. 그 가장이 어리석은 사람이 아니라면 한번 가입한 보험을 깨지 말고 끝까지 유지했어야 한다. 완납을 했다면 대부분의 보험은 납입한 보험료보다 더 큰 돈을 받게 되는 구조다. 중도 해지하지 않고, 끝까지 완납한 사람은 자기가 낸 돈보다 더 큰 돈을 받게 될 텐데, 왜 보험을 싫어하겠는가. 건강보험이었을 경우 만약 가입자가 암에 걸렸다면 보험료가 납입 면제되었을 것이고 기존에 냈던 보험료도 일부 반환을 받으면서 수술비, 진단비, 입원비, 간병비 등까지 받을 것이다. 그런 사람이 보험 들어 놓은 것을 후회할까? 절대 그렇지 않다. 만약 후회를 한다면 '보험료를 더 많이 낼걸 왜 그때 적게 했을까?' 하는 후회만 할 것이다.

그런데 가난한 가장은 안타깝게도 보험 전문 지식이 부족한 설계사를 만났을 확률이 높고 제대로 된 설명을 듣지 못한 채 대충 보험에 가입했을 가능성이 크다. 그 상태에서 형편이 어려워지는 상황이라도 오면 보험을 깨버리고 환급금을 받아서 생활비에 충당했을 것이다. 그럼 자신이 냈던 돈보다 훨씬 적은 환급금을 받을 것이다. 나도 아내를 만나기 전 30대 중반까지 몇 건의 보험을 들었다가 중도에 해지해서 손해를 본 적이 있었다. 하지만 그건 내가 제대로 된 설계사를 만나지 못했고 무엇보다 중간에 깬 내 책임이 가장 크다는 것을 안다.

또한 보험을 싫어하는 사람은 미래를 내다볼 수 없는 근시안을 가지고 사는 사람들이다. 자신이 늙지 않고 백년 만년 살아가는 존재라고 착각하는 사람이란 뜻이다. 병원에 한 번도 가본 적이 없다고 하면서 건강 하나만큼은 누구보다도 자신 있어 하는 사람들이 있다. 하지만 건강 나이는 보통 66세에 끝이 난다. 즉 아무리 건강해 보였던 사람들도 66세부터는 그전까지 한 번도 가본 적 없었던 병원에 주구장창 간다는 것을 의미한다. 최소한의 보험도 들지 않고 있다가 나이가 들어 병원에 자주 가게 되면서 그때서야 뒤늦게 보험의 필요성을 느낀다. 그때 가입하려고 하면 지난 과거의 병력이 전산 기록에 그대로 남아 있기에 정작 필요한 보장은 부담보가 되거나 가입이 불가능해진다. 또한 같은 보장인데도 돈을 더 많이 내면서 가입해야만 한다. 얼마나 어리석고 안타까운 사람들인가. 그리고 지금은 힘이 넘치는 것 같아도 노인이 되면 반드시 기력이 떨어져서 타인의 손길을 필요로 하게 된다. 적은 보험료로 이렇게 나이 들었을 때, 질병에 걸렸을 때 도움이 되는 보험을 들지 않은 것은 미래를 전혀 볼 수 없는 근시안적인 삶을 급급하게 살고 있다는 증거다.

보험 이야기만 나오면 보험사와 설계사가 도둑놈이고 사기꾼이란 이야기를 하는 사람들도 있다. 이렇게 보험 이야기만 나오면 거품 물고 보험을 안 좋게 치부하는 사람들은 도대체 왜 그런 것일까? 아주 여러 가지 이유가 있겠지만 한번 정리해 보겠다.

보험사가 도둑놈이란 말은 밑도 끝도 없이 황당하고 어이없는 생각이다. 보험사가 도둑놈이면 어떻게 보험사가 세상에 존재할 수 있겠는가. 세상에서 아주 오랜 시간 동안 보험이 존재해 왔다는 것은 그 이유가 분명히 있기 때문이다. 물론 우리나라 사람들 중 일부가 보험에 대해서 안 좋게 생각할 만한 타당한 이유가 하나 있기는 하다.

일제 강점기 당시 일본 보험회사들이 조선인에게 가입시킨 보험금이 해방 후 지급되지 않은 사례가 역사적으로 확인된 바가 있다. 그 금액은 당시 원화 기준으로 24억 원에 이르렀다고 한다. 하지만 해방 이후 일본 보험회사들은 철수했고, 대한민국 정부는 한·일 청구권협정 체결로 인해 민간 청구권 문제를 일본 측에 묻지 않기로 결정했다고 한다. 그래서 당시 보험금을 보상받지 못한 많은 우리나라 조상들로부터 그런 정서가 전해져 온 것 같다. 일본 보험사에 당했던 사람들이 후손들에게 보험은 절대 들지 말라는 암시를 강력하게 남겨서 그렇게 보험에 반감이 많이 생긴 것 같다는 말이다.

사람은 영원히 젊음을 유지하지는 못하며 반드시 노화되어서 사망에 이른다. 생로병사의 순리를 잘 알고 사는 사람이라면 보험에 대한 필요성을 충분히 느낄 것이다. 그러나 지금 당장 자신이 건강하니까 영원히 건강할 것이란 착각 속에서 살아가는 사람이 많은 게 현실이다. 그래서 보험설계사는 반드시 사람의 인생 전체를 볼 수 있어야 한다. 그래야 누군가의 삶에 꼭 필요한 것들을 안내해주는 역할을 해낼 수 있지 않을까.

고객의 마음을 바꾸는 데 '논리'보다 더 강한 무기

영업을 하다 보면 반드시 마주하게 되는 말이 있다. "그건 저한테 필요 없어요."라거나 "아무리 생각해도 이건 쓸데없는 것 같아요."라는 말이다. 이 말을 들었을 때 대부분의 초보 영업인들은 설명을 더 세게 하려 들고, 논리로 상대를 꺾으려 한다.

"왜 필요가 없냐", "지금 안 하면 손해다", "이건 기본이다" 같은 말로 상대의 생각을 뒤집으려고 하지만, 결과는 거의 항상 좋지 않다. 상대는 방어적인 태도를 취하고, 기분이 상한 채 상담은 서둘러 끝나버린다.

이 상황에서 놓치는 가장 중요한 사실은 이것이다. 사람은 논리로 움직이지 않는다는 것이다. 사람은 자신의 '기준'과 '경험' 안에서 의미가 통할 때 비로소 마음이 열린다. 지금 당장 필요 없어 보이는 것도, 그 사람이 몰랐던 관점을 알게 되었을 때 전혀 다르게 보이기 시작한다.

그래서 뛰어난 영업인들은 고객을 설득하려 하지 않는다. 대신, 고객이 스스로 납득할 수 있도록 관점을 바꾸는 이야기를 꺼낸다. 그중 한 가지 대표적인 예가 바로 '금문교와 그물망'에 대한 실화다.

1930년대 미국 샌프란시스코의 금문교는 세계에서 가장 긴 다리로 건설 중이었다. 그러나 이 아름다운 다리를 만드는 과정은 결코 아름답지 않았다. 공사 중 무려 30명의 인부가 다리에서 추락해 목숨을 잃었다. 결국 공사 책임자는 더 이상의 희생을 막기 위해 다리 아래 대형 그물망을 설치하자고 제안했다. 하지만 당시 상부는 추가 예산이 든다는 이유로 반대했다. 그럼에도 불구하고 책임자는 포기하지 않고 끝까지 밀어붙였고, 결국 그물망이 설치되었다.

그 후에도 작업 중에 인부 10명이 더 떨어졌지만, 모두 그물망에 의해 목숨을 건질 수 있었다. 그물망이 생기자 작업자들은 '떨어져도 살 수 있다'는 믿음으로 훨씬 안심하고 일에 몰입할 수 있었고, 그 결과 공사 기간은 예정보다 무려 30%나 단축되었다. 사람들을 살리기 위해 설치한 그물망이 오히려 전체 성과와 효율을 끌어올린 것이다.

이 이야기는 단순한 안전 관리 사례가 아니다. 우리 삶과 일에 적용되는 강력한 비유다. 그물망은 우리가 불안하지 않고 자신의 잠재력을 발휘할 수 있도록 도와주는 '보이지 않는 안전장치'다. 그리고 어떤 일을 하든, 삶을 건강하게 설계하고 싶다면 이 '안전장치'가 필요하다. 그물망이 있어야 사람이 바닥을 두려워하지 않고 위를 보며 일에 집중할 수 있는 것처럼, 삶에도 그런 심리적 안정과 보호가 있어야 더 큰 도약이 가능하다. 이런 이야기를 들으면 사람은 제품을 다시 바라보게 된다. 처음엔 쓸데없다고 생각했던 것도, **'이건 나를 보호하고 성장하게 하는 장치'**라는 관점에서 보면 전혀 다른 모습으로 다가온다. 결국, 사람은 타인의 논리적인 설명보다도 스스로 새로운 의미를 발견하는 순간에 움직인다.

이것이 진짜 영업이다. 생각을 바꾸는 사람, 고객의 머릿속이 아니라 마음속에 들어가는 사람만이 진정한 의미에서 설득할 수 있는 사람이다.

▍행동으로 신뢰를 쌓아라

"실천이 없으면 증명할 수 없고, 증명이 없으면 신용받을 수 없고, 신용이 없으면 존경받을 수 없다."

극진가라데의 창시자, 최배달 선생의 말이다. 이 말은 그저 표현이 멋지기 때문이 아니라, 그가 실제로 자신의 삶 전체로 증명해 낸 말이기에 명언이 된다. 말이 명언이 되기 위해서는, 반드시 실천이라는 증거가 뒤따라야 한다. 그렇지 않으면 아무리 멋진 말도 그저 공허한 구호에 불과하다.

최배달$_{1923-1994}$은 실천과 증명의 상징이었다. 그는 전라북도 김제에서 태어나, 어린 시절 만주로 이주해 중국권법을 익히고, 10대 후반에는 일본으로 건너가 가라데를 배웠다. 그는 젊은 시절, 기요즈미 산에 입산해 스스로를 단련하며, 맨주먹으로 소를 쓰러뜨릴 수 있을 정도의 신체적, 정신적 경지에 도달한다. 그가 아들에게 전수했다는 맨손 소 잡기의 조건은 단순히 육체적 조건이 아니라, '이 정도는 되어야 누군가의 생명이 주먹에 달릴 수 있다'는 철학의 표현이었다. 100m를 11초에 주파하고, 벤치프레스 160kg을 가볍게 들어 올리며, 동전을 손가락으로 구부릴 수 있고, 새끼손가락 하나로 턱걸이 15개를 해내고, 세 손가락으로 단청을 끌어당겨 복부에 닿게 했다. 인간이 실천을 통해 증명할 수 있는 극한의 영역까지 도달했다.

그의 삶은 하나의 메시지를 말한다. 말로 증명하려 하지 말고, 행동으로 신뢰를 쌓으라는 것. 그렇지 않으면 아무도 당신을 믿지 않고, 아무도 당신을 기억하지 않을 것이다.

영업은 높은 실적을 내기 위해 매일같이 새로운 사람을 만나며 스스로를 증명하는 일이다. 때로는 약속 없이 고객을 찾아가야 하고, 때로는 철저히 무방비 상태에서 타인의 시간을 뺏는 '방문자'가 되기도 한다. 그렇게 마주한 현실은 차갑다. 그들은 당신을 이미 수많은 '실패한 영업인들'과 같은 부류로 판단해 버린다. 그들은 당신을 처음 봤지만, 이미 본 것 같은 사람으로 여긴다. 이럴 때 필요한 건, '나는 그런 사람이 아니다'라는 걸 행동으로 보여주는 실천의 자세다. 당신이 진짜 고객을 위하는 사람이고, 당신의 제안이 고객의 삶에 가치를 더하는 것이며, 누군가에게 신뢰받을 준비가 된 사람이라는 걸 보여주기 위해 증명해야 한다. 다른 사람들과는 다르다는 것, 지속적으로 실천하고 진심을 다하는 사람이라는 것, 그래서 신뢰받을 자격이 있는 사람이라는 것을 말이 아닌 태도로 보여줘야 한다.

구매 의사가
없는 사람에게 파는 기술

구매 의사 있는 사람들에게만 세일즈해서 편하게 살고 싶은가?

구매 의사가 없었던 사람들에게 판매를 성공해야만 진정한 영업이라고 하니 혹시 심리적으로 부담이 되는가? 그럴 수 있다. 이해할 수 있다. 그러나 현실을 제대로 직시해보면 왜 당신이 반드시 구매 의사 없던 사람들을 상대해서 판매에 성공해야 하는지 이해할 수 있을 것이다.

지금처럼 사는 것이 구매 의사 없던 사람에게 세일즈하는 것보다 확실히 편할 수 있긴 하다. 당신이 월급 생활자로서 영업하고 있다면 대부분 구매 의사 있는 사람들을 대상으로 영업을 하는 것이다. 확실히 몸은 편하지만 당신의 월급은 그닥 크지 않을 것이 분명하다. 고정 월급에 어느 정도의 판매 인센티브를 받고 있겠지만 그것으로 부자가 될 수 없다는 것을 당신도 잘 알고 있을 것이다. 같은 상황에서 월급을 좀 더 받는 직원은 아마도 그렇지 않은 직원보다 명문대를 나온 사람일 것이고 더욱 집중해서 일하며 성과를 더 낸 직원일 것이 분명하다. 남들보다 더 노력함으로써 돈을 주는 대표에게 좀 더 어필할 수 있는 능력이 있는 직원인 것이다(결국 이것도 대표에게 영업한 것 아닌가).

직장 생활의 봉급에 한계를 느껴서 자영업을 한다고 치자. 그때도 구매 의사 있는 사람들에게만 판매하면 편하고 좋을 것 같다. 그러나 실제로는 구매 의사가 있는 사람들에게 판매를 정말 잘하는 사업가들은 대체적으로 이미 규모의 경제를 실행할 수 있는 대자산가들이다. 그래서 그들은 더 큰 규모와 휘황찬란한 인테리어 그리고 엄청난 광고비를 투입할 수 있었기에 구매 의사가 있었던 사람들을 거의 블랙홀처럼 흡수할 수 있었던 것이다. 당신이 부모님의 재력이 뒷받침되는 집안에서 태어나 지원을 받고 있다면 구매 의사가 있는 사람들만을 상대해도 잘 살아갈 수 있다.

구매 의사가 있는 사람들만을 상대하는 것이 잘못된 생각은 아니다. 단지 그렇게 살아갈 수 있는 것은 부모님이 부자인 사람들에게나 가능하다는 말을 하고 싶은 것이다. 내 부모님이 부자가 아니라면 하루라도 빠르게 이 현실을 받아들이자. 그리고 구매 의사가 없었던 사람들을 상대해서 부를 이뤄내야만 하는 것을 인정하고 그것을 증명하는 데만 힘을 쏟아라. 일단 증명한 뒤에 구매 의사가 있는 사람들만 상대할 수 있는 자격을 얻게 되는 것이다. "난 남들이 거의 하지 못하는 멋진 영업을 하는 고수이니 관련 지식을 더욱 더 완벽하게 갖춰서 더 강한 사람들에게 영업하면서 그들에게 도움을 줘야겠다"라고 되뇌며 계속 엄청난 노력을 해야 한다. 내가 공부하고 연구하면 바로 영업 능력을 발휘해서 돈으로 환산할 수 있다. 수많은 실전 영업을 통해서 나 자신을 완벽하게 인정하는 사람이 되어야 한다.

물론 부모님의 막강한 경제력으로 지원받으며 구매 의사 있는 사람들만 상대하며 사는 인생도 나쁘진 않을 것이다. 그러나 나는 구매 의사가 없는 사람들까지도 구매하게 만들어내는 삶이 비교할 수조차 없이 멋지고, 그런 삶을 사는 사람이 더욱 큰 자부심을 갖게 된다고 믿는다.

▌자신에게 팔지 못하면 타인에게도 팔 수 없다

이 세상에서 가장 불쌍한 사람이 있다면 바로 자신에게도 팔지 못한 제품이나 서비스를 타인에게 팔려고 노력하는 사람일 것이다. 이 자본주의 세상에서 자신이 팔고 있는 상품이나 서비스를 너무나 자랑스럽게 여기고 있는 사람들은 자신감이 넘친다. 그들은 자신이 팔고 있는 것이 너무나 가치 있고 사람들에게 큰 도움을 준다는 것을 알고 있다. 이미 자신에게 그 상품을 완전히 판매한 상태에서, 타인에게 그것을 권유하는 것이다. 자신이 판매하는 것은 돈만 있다면 반드시 구매해야 하는 것이다. 아니, 돈이 좀 부족하더라도 다른 소비를 줄여서 반드시 구매해야 한다는 생각까지 한다.

이렇게 타인에게 상품을 팔기 전에 자신에게 어느 정도까지 팔 수 있었느냐가 관건이다. 그 상품을 어떻게 활용할지, 기쁨이나 행복을 얼마나 이끌어낼지 남들보다 그 방법을 더 확실하게 알고 있다는 것이다. 즉, 그 상품의 활용성과 가치를 언제나 실시간으로 느끼며 살아가야 한다는 뜻이다. 자신에게 그 상품을 먼저 완벽하게 팔아냈기 때문에 더 이상은 스스로에게 팔 수 있는 여지 자체가 없어야 한다. 그 상태가 되면 그때부터는 남에게 그 상품을 전달하고 제안하는 것이 나를 위한 행동이 아니며 오롯이 상대방을 위한 선행이 되는 것이다.

이 정도로 상품이나 서비스를 나에게 먼저 파는 것이 매우 중요하다. 지동설을 주장한 갈릴레오 갈릴레이가 재판장에서 나올 때 한 말이 무엇인가? "그래도 지구는 돈다"이다. 갈릴레오 입장에서 지동설은 너무나 당연하고 확실한 것이다. 그것을 몰랐던 사람이 지동설이 아니라고 주장하면 갈릴레오의 심정은 어떨까? 당황스럽고 힘들까? 전혀 아니다. 그냥 이해 못 하는 사람들이 불쌍하고 안쓰러웠을 것이다. 이처럼 자신이 팔아야 하는 것을 먼저 스스로에게 완벽의 경지로 팔아버릴 수 있는 능력이야말로 영업에서 가장 중요하고 필수적인 능력이라고 생각한다.

내 수강생 중에는 성교육을 전문적으로 하는 분이 있다. 아직까지도 대한민국에서 성에 대한 교육은 여전히 터부시되는 분위기지만, 그는 그 일을 누구보다 자부심 있게 대한다. 단순한 지식 전달이 아니라, 한 사람의 삶의 방향과 태도를 바로잡는 중요한 사명이라고 믿고 있다. 나는 그의 눈빛에서, 자신이 하는 일의 가치를 세상 누구보다 명확하게 알고 있다는 확신을 본다.

그는 본인을 완전히 설득한 사람이다. 자신이 전달하는 메시지가 얼마나 절실하고 소중한 것인지를 스스로 납득하고, 내면 깊숙이 받아들였기에 그 신념이 상대에게 고스란히 전달된다. 영업은 결국 **진심의 전달**이다. 그런데 그 진심은, 자신을 먼저 설득하지 못한 사람에게서는 결코 나올 수 없다. 나 역시 마찬가지였다. 지금은 보편화된 심리수업이라는 개념도, 내가 시작했을 땐 세상에 없던 일이었다. 교육 현장에서 아이들이 스스로 공부하게 만들려면, 그들의 무의식과 삶의 본질에 대한 이해가 먼저 이루어져야 한다는 확신이 내게는 강하게 자리 잡고 있었다. 그래서 학원에 약속도 없이 찾아가 원장님을 설득하고, 무의식과 학습 동기 사이의 관계를 열정적으로 설명했다. 거절당할 수도 있다는 불안보다, 이 일을 하지 않으면 내가 나쁜 사람이라는 죄책감이 들 정도로 강한 확신이 나를 움직이게 했다.

누군가 이런 말을 할 수도 있다.

"약속도 없이 찾아가면 불쾌하게 여기지 않을까요?"

그런 질문을 하는 사람이라면, 아마도 아직 자기가 파는 상품을 자기 자신에게 온전히 팔지 못한 상태일 것이다. 진정으로 나를 먼저 설득했다면, 내 일의 가치와 중요성에 대한 믿음이 있다면, 세상 누구를 만나더라도 그 확신은 당당하게 전달될 수밖에 없다.

내가 삼성생명에 입사해서 리크루팅을 할 때도 마찬가지였다. 보험영업이라는 직업에 대해 스스로 완전히 납득하고, 그 가치와 가능성을 확신했기에 누구에게든 이 일을 제안할 수 있었다. 또 보험을 판매할 때에도, 나 자신이 월 2천만 원이 넘는 보험에 가입한 사람으로서 '왜 보험이 필요한가'에 대한 답을 누구보다 구체적이고 진정성 있게 전달할 수 있었다.

<u>영업은 결국 '구매 의사가 없는 사람에게 판매하는 것'에서 출발해야 한다.</u> '관심이 있는 사람'만을 상대한다면 누구나 영업을 잘할 수 있다. 그러나 영업인이란, 관심이 없던 사람조차 내 이야기에 귀를 기울이게 만들 수 있는 사람이어야 한다. 이

게 기본이다. 여기서부터 출발해야 진짜 특별한 사람이 될 수 있다.

예를 들어, 최면에 관심이 없는 사람에게 최면이라는 단어를 꺼내는 순간부터 이미 관심이 꺼질 수 있다. 그보다는, 누구나 거부할 수 없는 본질과 진리—예컨대 무의식이 인간의 삶에 어떤 영향을 주는지, 그 작동 원리가 얼마나 중요한지를 먼저 설득해야 한다. 그 진실을 받아들이는 순간, 사람들은 마음의 문을 연다. 그다음에야 비로소 '최면'이라는 키워드가 자연스럽게 이어질 수 있다.

영업도 똑같다. 본질과 진리를 가지고 사람을 설득하면, 관심이 없던 사람도 관심을 갖게 된다. 문제는 대부분의 사람들이 본질을 이해하지 못한 채 제품 설명에만 집중한다는 것이다. 철학 없이, 의미 없이 단지 수단으로만 영업을 하다 보니 사람들의 마음에 닿지 못하고, 본인의 일에도 자부심을 갖지 못하게 된다.

나는 이렇게 생각한다. 영업에서 가장 중요한 건 '본질과 진리를 확신 있게 말할 수 있는 경지'에 언제 도달할 것인가 하는 문제다. 자신이 하는 일의 의미와 가치를 누구보다 깊이 이해하고, 그 일을 자신에게 먼저 팔아본 경험이 있어야 타인에게도 그 확신이 전달된다. 자신에게도 팔지 못한 상품은 절대로 세상 누구에게도 팔 수 없다. 당신이 하는 일에 대해서 얼마나 설득해보았는가? 만약 그 설득이 끝나지 않았다면, 지금은 그 일을 시작할 수 있는 준비가 되지 않은 상태일지도 모른다.

▎영업을 막 시작하는 사람들에게 필요한 시간 관리 기술

영업 분야이건 다른 분야이건 처음 시도하고 나서 빠르게 성과를 못 내고 있다면 대부분 이런 생각을 할 것 같다. '난 영업은 처음 시작하는 거니까 적응하고 잘해내려면 더 많은 시간이 필요한 거야', '시간만 지나면 나도 남들처럼 잘할 수 있겠지' 이런 생각이 틀렸다는 것은 아니지만 시간이 지나도 큰 성공을 이루지 못한 사람들이 훨씬 더 많은 것 같다. 정말로 영업의 고수가 되려면 보통 사람들이 말하는 '시간이 부족해'라는 말의 허상을 잘 파악할 수 있어야 한다.

영업을 처음 시작하는 사람일수록 시행착오의 시간을 최대한 단축하는 방법에 대해서 제대로 알고 실천해야 한다. 그렇지 못하면 성공하지 못한 수많은 사람들의 '시간이 부족해'라는 어리석고 공허한 말을 똑같이 내뱉게 될 것이기 때문이다.

시행착오의 시간을 최소화하려면 **배움의 기본자세**가 되어 있어야 한다. 나보다 훨씬 더 뛰어난 성과를 보여주는 사람을 일단 따라해 보려고 노력해야 한다. 사람들은 관성대로 살아간다. 뛰어난 사람을 보면 그 사람이 자신과 어떻게 다른 방법과 기술을 활용해서 좋은 결과를 내고 있는지를 유심히 살피고 그 방법들을 자신의 영업에서 그대로 벤치마킹해보려는 노력을 해야 한다. 그러나 대부분의 사람들은 그렇게 세심하게 고능률자와 자신의 차이를 분석하지 못하고 분석을 조금 하더라도 원래 행해왔던 자신의 습관을 쉽게 버리지 못한다.

같은 일을 하는데 성과를 잘 내는 사람들은 잘될 수밖에 없는 방식을 찾아내고 제대로 노력하는 시간을 확보해 나간 사람들이다. 이 점을 인정했으면 그들과 자신이 사용하는 시간의 양은 같은데 왜 성과가 달리 날 수밖에 없는지를 철저하게 분석해야 한다. 혹시 그런 분석을 하는 것이 어렵다고 느껴진다면, 일단 성공한 영업인이 하고 있는 노력을 하나만이라도 찾아내서 그 사람보다 더 열심히 해보면 된다. 그렇게 한다면 반드시 변화가 생겨날 것이다.

현재 힘든 삶을 살아가고 있는 나이 많은 사람들을 예로 들어보자. 삶을 계속 힘들게 살아온 사람들에게 더 많은 시간을 준다고 그들이 그 시간을 통해서 정말로 삶의 변화를 만들어 낼 수 있을까? 절대 그렇지 않다. 나이 든 사람들도 젊은 시절이 있었을 것이다. 수십 년이나 노력할 수 있는 시간이 있었는데도 결과적으로 힘들게 살아가고 있는 것이다. 수십 년을 노력했는데 성공을 못 한 사람이 수백 년 노력하면 성공할 수 있을까? 난 아니라고 단언할 수 있다.

왜냐면 그들에게 필요한 것은 더 많은 시간이 아니고 시간을 의미 있게 만들어 낼 수 있는 지식이기 때문이다. 지식이 부족했기에 시간을 아무리 제공해도 의미 없이 소멸되어 버렸다. <u>남다른 결과를 만들어 낼 수 있는 지식 배양과 그 지식을 바탕으로 한 행동의 총량, 그것으로 우리의 인생은 달라지는 것이다.</u>

영업에서도 마찬가지다. 상품에 대한 지식 그리고 사람에 대한 지식과 이해, 그리고 남다른 활동량이 뒷받침되어 있지 않은 영업인에게 엄청난 양의 시간을 제공한다고 할지라도 그는 시간을 무의미하게 만들 뿐이다.

현재 주변에 영업을 잘하고 있는 사람들이 있다면 그들을 잘 살펴보라. 그들은 베테랑이 된 지금만 영업을 잘하고 있는 것이 아니다. 경지에 오른 사람들 대부분은 초보 시절에도 남들보다 성과를 더 잘 냈던 사람들이라고 보면 된다. 영업 고수들은 소위 남들이 말하는 초보 시절이란 것이 거의 얼마 되지 않고 끝나버린 사람들이다. 초보 때부터 제대로 된 노력을 하면서 시행착오의 시간을 최소화할 수 있었기에 고능률의 영업인이 될 수 있었단 말이다.

▌밀도 있는 시간은 결국 실력을 이긴다

삼성생명에 24년째 근무 중인 한 여성 설계사가 있었다. 그녀는 신입 시절을 떠올리며 이런 말을 했다. "지점장님이 하루에 몇 명이라도 고객 동의를 받아오라고 했을 때, 저는 하루에 100명씩 받았습니다." 단순한 숫자놀이가 아니다. 하루 100명의 동의를 받기 위해 그녀는 건물 하나를 들어가면 그 건물에 있는 거의 모든 사람을 빠짐없이 만나고 다녔다고 한다. 남들이 두세 명에게 말 걸고 돌아설 때, 그녀는 건물 전체를 훑었다. 하루하루를 그렇게 보냈다. 그 결과는 어땠을까? 영업을 시작한 첫 달, 그녀는 지점에서 1등을 했다.

이 이야기를 들으며 나는 한 가지를 확신하게 되었다. 성공한 영업인과 겨우 버티는 영업인의 차이는 '노력의 양'이 아니라 **'시간을 쓰는 방식'**에서 비롯된다는 것. 노력이라고 말하면서도 실제로는 시간을 흘려보내고 있는 사람들과, 시간을 얼마나 밀도 높게 쓸지 계산하며 살아가는 사람들 사이에는 도저히 따라잡을 수 없는 차이가 난다.

누구나 열심히 한다고 말하지만, 실제로는 대부분의 사람이 노력하는 척하다가 금방 포기해 버린다. 왜냐하면 노력해도 성과가 나오지 않기 때문이다. 성과 없는 노력은 계속될 수 없다. 결국 보상을 경험하지 못한 사람은 진짜 노력의 깊이로 들어가지 못한다. 반대로, 남다른 성과를 만들어낸 사람들은 대체로 '노력하면 결과가 빠르게 온다'라는 것을 체험한 사람들이다. 그래서 더 지속하고, 더 성장한다.

그래서 나는 초보자에게 이렇게 말한다. "시간이 지나면 괜

찮아질 거라는 말을 믿지 마라. 성과가 없는 채로는 절대 오래 가지 못한다. 작더라도 성과를 빨리 만들어라. 그래야 스스로를 믿을 수 있다." 결국 본질은 같은 하루 24시간을 살아도 어떤 사람은 시간을 그저 흘려 보내고, 어떤 사람은 그 시간 안에 자신을 갈고닦는다. 재능이 조금 부족해도 밀도 있게 시간을 쓰는 사람은 결국 재능 있는 사람을 이긴다. 하루하루를 어떻게 쓰느냐가 당신의 실력을 결정짓는다. 그리고 실력은 결국 인생의 방향을 완전히 바꿔놓는다.

▎어차피 모든 일은 다 영업이다

나는 21살에 영업을 시작했다. 최면을 공부하고, 최면 요법을 전수한다고 하며 그 당시 나보다 훨씬 나이가 많았던 30대부터 60대 분들께 최면 교육을 판매했다. 지금 생각해 보면, 당시 나는 대학생에 불과했고, 지금의 나와 비교하면 아주 적은 지식밖에 없었다. 하지만 바로 그 지식을 누군가에게 '팔았다.'

그들에게 왜 이 지식이 필요한지를 고민했고, 어떻게 하면 그들 스스로 이 지식이 꼭 필요하다고 느끼게 만들 수 있을지를 생각했다. 그리고 나는 망설이지 않고 먼저 다가갔다.

내 입으로는 '최면'을 이야기했지만, 사실 나는 '영업'을 한 것이나 다름없었다.

사람을 최면시킨다는 것은 결국, 그 사람을 완전히 집중시키고 몰입하게 만들어, 나에 대한 비판 의식과 거부감을 줄이는 일이다. 그렇게 되면 내가 전하는 말이 그 사람의 무의식에 훨씬 더 깊고 강력하게 영향을 주게 된다. <u>상대가 나의 말을 거부감 없이 받아들일 수 있는 상태가 되었을 때, 사실상 어떤 것이라도 '판매'할 수 있게 된다.</u> 이것이 내가 가장 먼저 깨달은 영업의 본질이었다. 대부분의 사람은 영업을 시작할 때 엄청나게 막막함을 느낀다. 그 마음을 이해하지 못하는 것은 아니지만, 그렇게 느끼는 순간부터 이미 고수가 되기는 어렵다. 이 세상에서 인간이 하는 거의 모든 일은 세일즈와 연결되어 있다는 것을 반드시 기억해야 한다. 회사에서 상사에게 보고를 올리는 것도, 아이를 키우며 올바른 방향으로 이끌어가는 것도, 친구와의 대화 속에서 내 생각을 설득하는 것도, 결국은 다 '세일즈'다.

우리는 매일매일 자신을, 생각을, 감정을, 때로는 제품과 서비스를 '팔면서' 살아가고 있는 것이다. 그러나 이런 관점을 젊은 시절부터 제대로 인식하고 살아가는 사람은 드물다. 만약 누군가 이 관점을 일찍 갖췄다면, 그는 반드시 영업의 고수가 되었을 것이다. 왜냐하면, "어렵다", "힘들다"는 말로 스스로를 가두는 대신, 오직 '잘 팔기 위한 방법'만을 고민하고 실천하기 때문이다. 실력은 그렇게 쌓인다. 영업은 특별한 사람이 해야 하는 일이 아니라, 당연히 누구나 해야 하는 일일 뿐이다.

그렇기에 '영업은 나와 상관없는 일'이라고 생각하는 태도야말로 가장 어리석다. 우리는 누구나 무언가를 팔면서 살아가고 있고, 그 영업의 실력에 따라 삶의 질도 달라진다. 말을 잘하는 사람, 신뢰를 주는 사람, 자신 있게 자기 이야기를 풀어내는 사람은 결국 원하는 것을 얻는다. 이 세상에서 영향력 있는 사람은, 모두 훌륭한 세일즈맨이다.

영업을 두려워하지 마라. 삶이 곧 세일즈다. 세일즈를 마스터한다는 것은 결국 인생을 마스터하는 것과 같다.

당신의 직업,
진짜 전문직인가?

변호사도 마케팅 비용으로 월 1,000만 원씩 투자해야 살아남는 세상

전문직은 영업을 잘 할까? 정답은 거의 그렇지 않다는 것이다. 변호사, 의사, 회계사, 세무사, 법무사, 감정평가사, 변리사 등은 영업을 잘 할 것 같지만 사실 영업을 아주 못하는 경우가 대부분이다. 진정한 영업은 구매 의사가 없던 사람들에게까지 판매를 성공해내야 하는 것이다. 그러나 위에 말한 전문직들은 대체적으로 사무실을 차려놓고 구매 의사가 있는 사람들을 기다리고 있고, 그들에게 전문적인 지식이나 서비스를 판매하는 것이다. 물론 내 제자였던 전문직 종사자 중에 진정한 영업을 하는 사람들도 꽤 만나 보았다. 하지만 거의 소수라고 보면 된다. 그 소수에 해당하는 사람들은 평균치보다 훨씬 큰돈을 벌 수밖에 없다.

사실 이들이 학창시절부터 전문직이 되기 위해 열심히 공부했던 이유는 영업이 어렵다고 생각해서였을 수도 있다. 부모와 주변 사람들이 '전문직을 해야 돈 잘 벌고 잘 살 수 있다'란 말을 자주 했을 것이다. 전문직 종사자가 되면 어느 정도 사회적 인정을 받게 된다는 생각과 구매 의사가 있는 사람들이 알아서 자신을 찾아줄 것이란 희망이 컸을 것이다. 하지만 지금은 이런 전문직 수도 계속해서 더 늘어나고 있기 때문에 구매 의사가 있는 사람들에게만 힘을 미칠 수 있는 소극적인 영업을 하는 사람들은 전문직 종사자일지라도 점점 더 소득이 떨어질 수밖에 없다. 무한경쟁 속에서 굳건하게 강력함을 발휘하려면 적극적으로 진정한 영업을 할 수 있는 사람이 되어야 한다는 것이다.

현재 1년에 의사가 6천 명 넘게 배출되는 한편 7천 개가 넘는 병원이 폐업을 한다고 한다. 그런데도 대한민국은 과거부터 지금까지도 여전히 의대 열풍이 불고 있다. 현재는 의대 인원을 파격적으로 더 늘린다고 했더니 학원들은 초등 의대반까지 만들어서 많은 부모들이 같이 장단 맞춰 사교육에 더 열을 내고 있다. 앞으로는 의사들도 더욱 더 치열하게 경쟁해야 살아갈 수 있는데 왜 그렇게까지 의대에 진학시키려고 할까? 만약 사명감으로 하는 것이라면 이해한다. 그런데 그건 부모가 아니라 아이들이 갖춰야 하는 것 아닌가? 그런 학생들은 몇 안 될 것이 분명하다. 하여간 이렇게까지 하는 이유는 부모들이 영업에 대한 지식이 없고 그 가치와 힘을 믿지 못하기 때문이다. 의사 같은 전문직 종사자가 되어야지만 풍요롭고 편한 인생을 살 수 있다는 그 잘못된 믿음과 어리석음이 만들어낸 참사라고 생각이 든다.

그래서 당신이 진정한 영업을 할 수 있다면 그 자체로 우월한 존재임을 증명하는 것이다. 사실 내가 수강생들에게 제일 주고 싶은 것은 자유다. 구매 의사가 없었던 사람들에게까지 판매에 성공할 수 있는 사람으로 살아가는 자유를 주고 싶은 것이다. 어려운 형편에 자격증을 따고 비싼 월세를 감당하며 특정 장소에서만 힘을 발휘하게 되는 삶을 답습하지 않도록 힘을 주고 싶다.

무일푼이었던 나 같은 청년이 성공한 사람들의 도움을 받을 수 있었던 건, 구매 의사가 없던 그들에게 내 진심을 전하고 끝내 마음을 열게 만들겠다는 의지가 있었기 때문이다. 그 덕분에 나는 20대 후반이라는 비교적 이른 나이부터, 내 삶을 스스로 선택하며 진짜 자유를 누리며 살아가고 있다. 당신도 마찬가지다. 진정한 의미의 영업을 제대로 배운다면, 당신 역시 자유롭고 행복한 삶을 누릴 수 있다. 이제 영업은 특정 직업을 가진 사람들만의 영역이 아니다. 전문직이든 아니든, 누구에게나 반드시 필요한 생존의 기술이며, 삶을 바꾸는 필수 지식이다.

전문직의 요건

많은 사람들이 의사, 변호사, 회계사 같은 전문직 종사자들을 부러워하며 살아가는 듯하다. 그리고 자연스럽게 이들과는 다른 자신의 직업은 전문직이 아니라고 여기는 경우도 많은 것 같다. 사회가 정해놓은 기준에 따라 자신의 일의 가치를 스스로 낮춰버리는, 조금은 안타까운 현상이다. 그렇지만 나는 시간이 지날수록 생각이 달라졌다. 어떤 직업을 가졌느냐보다 더 중요한 것은 그 일에 대해 얼마나 진지하게 몰입해왔는가, 얼마나 많은 사람들에게 실질적인 도움을 주고 있는가라는 사실을 깨달았기 때문이다. 나 역시 많은 사람들을 만나며 내가 쌓아온 지식과 경험으로 도움을 줄 수 있었고, 인생의 은인이라는 말을 들을 때 내가 하는 일에 대한 확신과 책임감을 느꼈다.

나는 지금도 내가 속한 분야에서의 전문성을 당연하게 생각하고 있다. 그리고 이제는 분명히 말할 수 있다. 자기 일에 깊이 몰입하고, 그 가치를 증명해 낸 사람이라면 누구나 전문가이며, 전문직이다. 전통적인 전문직이라고 해서 모두 그런 기준을 충족하는 것도 아닐 것이다. 반대로, 사회적으로 덜 주목받는 분야에서도 묵묵히 쌓아온 실력으로 전문성을 증명해 낸 사람들도 많다. 그리고 진정한 전문직이 되기 위해 내가 중요하게 생각하는 한 가지 기준이 있다. 그 일이 평생 지속 가능하느냐이다. 일시적으로 높은 소득을 얻을 수 있어도, 신체적·정신적으로 오래 지속할 수 없다면, 그것이 진정한 전문직이라고 말하긴 어렵지 않을까.

예를 들어, 내 매제는 서울대학교 치대를 졸업하고 치과의사로 일하고 있다. 환자들에게 친절하고 실력도 인정받고 있지만, 최근 어깨 통증으로 인해 앞으로 얼마나 오래 진료를 계속할 수 있을지 고민하는 모습을 보였다. 의료인뿐 아니라 다른 전문직들도 마찬가지다. 손이 떨려 수술이 어려워지는 외과의사, 나이가 들며 기억력과 판단력에서 젊은 변호사들에게 밀리는 법조인들… 많은 전문직들이 나이 앞에서는 지속 가능성을 걱정하게 된다.

반면, 내가 알고 있는 한 여성 전문가분은 그와는 다른 선택을 했다. 삼성생명 WM 지역단 헤리티지 삼성센터에서 20년 이상 활동 중인 분인데, 이미 여의도에 빌딩 두 채를 가진 경제적 여유가 있음에도 불구하고 여전히 왕성하게 일하고 있다. 그분과 여행 중 대화를 나눴을 때, "나는 90살까지 이 일을 하고 싶다"는 말을 들었고, 그 확신에 찬 목소리는 삶과 일의 의미가 하나로 연결된 사람만이 낼 수 있다고 생각했다. 이런 사례들을 보며 나는 점점 더 확신하게 되었다. 진짜 전문직이란 직업의 이름이 아니라, 얼마나 오래, 의미 있게, 나답게 그 일을 지속할 수 있는가로 판단해야 한다는 것이다. 스스로 그 분야에서 전문가가 되었다면, 우리는 이미 충분히 전문직에 속해 있다. 그리고 그 사실을 당당하게 받아들일 자격이 있다.

▍영업을 하면서 명심할 것들

영업을 하는 사람들이 가장 경계해야 할 것은 머릿속이 복잡해지는 것이다. 영업은 단순히 말을 잘하는 기술이 아니라, 행동과 실행력이 뒷받침되어야만 가능한 일이다. 그런데 머릿속이 복잡해지는 순간, 행동에 필요한 에너지가 증발되어 버린다. 사람들은 종종 영업이 굉장히 복잡한 과정처럼 느껴진다고 말하지만, 사실 영업은 놀라울 만큼 단순한 구조로 되어 있다. 그저 사람들을 만나고, 만난 사람에게 '내가 당신에게 어떻게 도움이 될 수 있는지'를 진심으로 설명하는 것이 전부다. 그런데 많은 사람들이 이 단순한 구조를 어렵게 생각하고, 그러다 보니 행동하지 못하고, 결국 기회를 놓친다.

정주영 회장의 한 마디가 떠오른다. 1972년 3월 23일, 울산에서 현대조선소의 착공식이 열렸고, 불과 2년 뒤인 1974년 6월 28일에는 첫 번째 선박이 완공되었다. 당시 대부분의 전문가와 정부 관계자들조차 한국은 큰 배를 만들 기술도, 자본도, 경험도 없다고 말했다. 하지만 정 회장은 '배를 만드는 것은 아파트를 바다 위에 짓는 것과 다를 바 없다.'며 그가 얼마나 본질에 집중하는 사람인지를 보여주었다. 불가능해 보이는 일을 단순하게 바라보는 힘, 그리고 그것을 실행하는 행동력. 바로 그것이 그를 세계 조선 산업의 신화를 쓴 인물로 만든 핵심이었다.

영업도 마찬가지다. 복잡해 보이지만 본질은 단순하다. 사람의 마음을 얻는 일, 그 하나뿐이다. 그 마음을 얻기 위해서는, 먼저 상대의 입장에서 생각할 수 있어야 한다. 모든 사람은, 자신을 이해하고 도와줄 수 있는 사람에게 마음을 연다. 그렇기에 우리는 끊임없이 사람을 도울 수 있는 능력을 갖추기 위해 공부하고 준비해야 한다. 그리고 아직 그 능력이 널리 알려지지 않았다면, 내가 먼저 다가가서 설명하고, 설득하고, 신뢰를 얻어야 한다. 이 단순한 과정을 꾸준히 반복하다 보면, 어느새 당신은 그 분야에서 **'찾는 사람'**이 되어 있을 것이다.

영업은 실전이다. 당당하게 사람 앞에 나서고, 그 사람의 마음을 열어야만 한다. 이 실전을 잘해내려면, 머릿속이 간결해야 한다. 머릿속을 간결하게 만들기 위해서는, 충분한 공부와 훈련이 평소에 이루어져야 한다.

그리고 실전에 들어서는 순간, 배웠던 지식과 전략을 의식적으로 떠올리기보다 무의식에 맡기고 그대로 부딪힐 수 있어야 한다. 처음엔 두렵고 떨릴 수 있다. 하지만 계속해서 시도하다 보면, 점점 더 자연스럽게 말하고, 핵심을 정확히 전달하는 자신을 발견하게 된다. 머릿속을 심플하게 만들기 위해서는 단순하고 강력한 신념을 붙잡는 것도 좋다.

아래와 같은 속담이나 격언은 실전에서 큰 힘이 된다.

'지성이면 감천이다.'

至誠(지성), '지극한 정성'을 다하면 하늘도 감동한다. 진심을 다해 몰입하는 사람은 누구든 강한 에너지를 갖게 된다. 당신이 진짜 원하는 목표가 있다면, 그 목표에 끝까지 몰입하라. 그러면 사람들에게 다가가는 것이 점점 자연스러워지고, 스스로 당당해지며, 영향력은 자연스럽게 생긴다. 진심을 다해 살아가는 사람은 소수다. 그 소수만이 당당할 수 있고, 남다른 행동을 할 수 있다. 그리고 결국 하늘이 도왔다고밖에 설명할 수 없는 기회들이 찾아온다.

마지막으로, 사람은 거울 뉴런을 가진 존재다. 누군가 웃으면 나도 모르게 따라 웃게 되고, 기분이 좋아진다. 그래서 영업을 하는 사람에게 가장 중요한 습관 중 하나가 '자연스럽게 웃는 연습'이다. 처음 보는 사람에게 다가갈 때, 가장 강력한 무기는 말솜씨가 아니라 표정이다. 당당하고 여유 있는 사람만이 웃을 수 있다. 반대로, 조급하고 긴장된 사람은 웃을 수 없다. 웃음은 선택이 아니라, 훈련의 결과다. 자신의 얼굴 근육부터 변화시켜라. 그것이 상대의 마음을 여는 첫 번째 열쇠다.

다음 페이지에서는 'SELF NOTE'를 통해 깊이 생각해보고, 삶에 적용할 수 있도록 한다. 기록한 내용을 성찰과 성장의 도구로 활용할 수 있기를 바란다.

셀프 노트

_____년 ____월 ____일

1. 현재 내 마음 들여다보기

- 요즘 내가 가장 자주 하는 생각은 무엇인가?
  그것은 나를 앞으로 나아가게 하는가, 아니면 멈추게 하는가?

----

2. 행동으로 연결하기

- 오늘 당장 실천할 수 있는 한 가지는?

오늘 나는 _____ 를 당장 해볼 것이다.

----

3. 3문장 다짐 쓰기

- 나는 _____
- 나는 _____
- 나는 _____

정상을 지배한 힘, 결국 멘탈
EPISODE 2.

《얼음 위의 철벽: 김연아의 멘탈 혁명》

"중요한 것은 성공하느냐 실패하느냐가 아니라, 실패했을 때 다시 일어설 수 있느냐다." – 김연아

피겨스케이팅은 기술적 완성도와 예술적 표현력이 동시에 요구되는 극한의 멘탈 스포츠다. 4분 남짓한 연기 시간 동안 수십 개의 기술 요소를 완벽하게 소화하면서도 수만 명의 관중 앞에서 감정을 전달해야 하는 이 종목에서, 김연아는 세계 최고의 멘탈 강자로 인정받았다. 그녀의 성공 비결은 단순히 뛰어난 기술이나 타고난 재능이 아니라, 체계적이고 과학적인 멘탈 관리에 있었다.

김연아의 멘탈 관리는 어린 시절부터 시작되었다. 그녀는 초등학교 때부터 스포츠 심리학자와 함께 정신력 훈련을 받았으며, 이는 그녀가 국제 무대에서 흔들리지 않는 강인한 정신력을 갖추는 데 결정적 역할을 했다. 특히 그녀

는 경기 전 시각화 훈련을 통해 연기 전체를 머릿속에서 완벽하게 그려보는 연습을 반복했다. 이러한 이미지 트레이닝은 실제 경기에서 예상치 못한 상황이 발생했을 때도 침착함을 유지할 수 있게 해주었다.

2010년 밴쿠버 올림픽에서의 김연아는 극한의 압박감 속에서도 완벽한 경기력을 선보였다. 당시 그녀는 전 세계의 관심과 기대를 한 몸에 받으며 엄청난 심리적 부담을 안고 있었다. 하지만 그녀는 경기 직전까지도 자신만의 루틴을 철저히 지켰다. 음악을 들으며 마음을 진정시키고, 깊은 호흡을 통해 긴장을 완화시키며, positive self-talk를 통해 자신감을 끌어올렸다. 특히 그녀는 "나는 할 수 있다"라는 긍정적 자기 암시를 반복하며 정신적 준비를 마쳤다.

김연아의 멘탈 관리에서 가장 인상적인 부분은 **실패에 대한 두려움을 극복하는 방식**이었다. 그녀는 완벽주의적 성향이 강했지만, 동시에 실수를 받아들이고 빠르게 회복하는 능력도 뛰어났다. 연습 과정에서 실수가 발생했을 때 그녀는 감정적으로 동요하지 않고 즉시 원인을 분석하여 개선점을 찾아냈다. 이러한 냉정한 자기 분석 능력은 실제 경기에서도 발휘되어, 한 요소에서 실수가 발생하더라도 나머지 연기에 영향을 주지 않도록 했다.

또한 김연아는 경기 후 결과에 대한 심리적 부담을 최소화하는 방법을 터득했다. 그녀는 경기 전에 이미 최선을 다했다면 결과는 받아들일 수 있다는 마음가짐을 가지고 있었다. 이러한 '과정 중심적 사고$_{process-oriented\ thinking}$'는 그녀가 결과에 대한 압박감에서 벗어나 순수하게 연기 자체에 집중할 수 있게 해주었다. 그녀의 이런 멘탈 관리 능력은 은퇴 후에도 계속 이어져, 현재는 후배 선수들에게 멘탈 트레이닝의 중요성을 전수하며 한국 피겨스케이팅 발전에 기여하고 있다. 김연아의 성공은 기술적 완성도뿐만 아니라 정신적 강인함이 최고 수준의 경쟁에서 얼마나 중요한지를 보여주는 대표적인 사례다.

3부 LIFE

멘탈 실전 훈련법

하루도 쉬지 않고
훈련하라

▌발전하는 삶을 살기 위한 필요조건들

 멋진 인생을 살기 위해서는 제대로 된 지식을 내면화시킨 채로 잘 활용하면서 살아야 한다. 지식의 중요성은 끝없이 강조해도 부족할 정도지만, 그보다 사실 더 중요한 것은 환경이다. 지식을 활용할 수 있는 환경이 확보되어 있어야지만 지식을 활용하면서 지속적인 발전을 거듭할 수 있다. 그런데 지식을 갖추었더라도 발전할 수 있는 환경 설정을 못 한 상태로 지식을 사장시켜버리는 사람들이 우리 주변엔 너무나도 많다.

월급을 받는 직장인들을 부족한 사람이라고 표현하고 싶지는 않지만, 월급을 받는 상황에서는 솔직히 극소수의 사람(큰 목표를 가지고, 스스로 동기 부여를 할 정도의 지식과 능력을 갖춘 사람)을 제외하고는 지속적인 발전을 하는 것이 거의 불가능에 가깝다. 자발적으로 목표를 세우지 않아도 회사에서 목표를 정해주고 그것에 대해서 정말 잘하든 못하든 받는 월급에 큰 변화가 생기지 않는데 누가 더 나아지려는 목표를 설정해서 끝없이 노력하겠는가.

요즘은 과거에 비해 모든 것이 풍요로운 시대가 되었다. 사람들을 움직이는 동기는 두 가지다. 하나는 **'접근 동기'**이고, 다른 하나는 **'회피 동기'**다. 접근 동기는 '저 사람처럼 되고 싶다'라는 마음으로 발생되는 동기이고 회피 동기는 어떤 상황을 모면하고자 할 때 나오는 동기다. 시험 공부는 하기 싫지만 시험을 못 보면 엄마에게 핸드폰을 뺏길 것 같기에 공부를 하는 학생들은 회피 동기로 공부하고 있는 것이다. 이런 회피 동기는 처음에는 강하지만 시간이 흐를수록 점점 더 약해지는 특징이 있다. 반면에 제대로 만들어진 접근 동기는 지속적인 힘을 발휘하게 된다. 그래서 지속적으로 발전적인 인생을 살고 싶다면 반드시 접근 동기를 찾을 수 있어야 한다.

대한민국은 1960년대에는 세계에서 가장 가난했던 나라 중에 하나였지만 짧은 시간 안에 경제 강국이 된 나라다. 그 이유는 여러 가지가 있을 것이다. 우선 당시 대한민국을 이끌었던 지도자들의 눈부신 리더십과 실천력이 바탕이 되었을 것이다. 한편으로는 가난으로부터 벗어나고자 했던 국민들의 회피 동기가 너무나 강력했기에 그만큼 노력을 해서 부강한 나라가 된 것이다. 하지만 잘 사는 나라가 된 뒤에는 이 회피 동기가 사라져 버렸고 이런 상황에서는 접근 동기가 분명한 사람들만 계속 거듭된 발전을 이룰 수 있다. 어느 분야든지 최고가 되려면 반드시 해야 하는 것이 '**의식적인 훈련**Deliberate practice'이다. 의식적인 훈련은 자신의 현재 생활에 머무는 것이 아니라 매번 한계를 뛰어넘는 것이 기본으로 세팅되어 있는 훈련인 것이다.

대부분의 직장인들은 자신의 업무 실력을 어느 정도 올린 뒤에는 그 현상을 유지하는 노력만 한다. 계속해서 실력을 갱신해 나가는 노력은 하기 쉽지 않다. 동기 유발이 되지 않기 때문이다. 그래서 결론적으로 말하면 한 사람이 진정한 발전을 이루려면 반드시 동기 유발이 되는 환경 안에 있어야 한다.

일본에서 관상어로 키우는 코이라는 물고기는 작은 어항에서 살면 5-6cm 정도로 큰다. 반면 큰 수족관이나 혹은 연못 같은 곳에서 살면 35cm 정도로 성장할 수 있고, 강에서 살게 되면 1m 20cm 정도로 큰 성장을 이룰 수 있다. 코이만 그런 것이 아니다. 사람도 어느 환경에서 성장하고 살게 되느냐에 따라서 엄청난 차이의 성장을 이룰 수도 있고 이룬 것 없는 허망한 삶을 살다 갈 수도 있는 것이다.

부자가 되고 또 행복한 삶을 원한다면 머물러 있지 말고, 많은 사람들을 만나라. 그것도 가능하면 수준 높게 살아가는 사람들과 부자들을 만나야 한다. 그러면 더 많은 것을 깨닫고 배울 수 있다. 그렇게 하는 사이에 당신도 분명히 강자로 거듭나게 될 것이다.

▌세상의 반응과 상관없이 매일 성장하라

'현재를 사랑하면 이해하지 못할 과거는 없다.'

이 말을 곱씹어 보길 바란다. 우리가 과거에 얼마나 힘들었고 고통을 받았고 괴로워했건 지금 자신에게 주어진 상황을 사랑할 수 있다면, 과거에 벌어졌던 모든 괴로운 일들이 지금 사랑하는 현재를 위한 밑거름이었다고 느끼게 된다. 현재를 사랑한다는 것은 어떻게 가능할까? 자신이 원하는 것을 분명히 설정하고 그것에만 집중해야 가능하다. 자신이 원하는 것에만 집중하며 최선의 노력을 경주한다면 점점 더 현재를 사랑할 수 있게 된다. 계속해서 결과물이 생길 것이고 사람들의 인정도 충분히 받을 수 있게 되는 것이다.

사람들의 인정을 받으려면 그들의 부족한 부분을 채워주고 문제를 해결해 줘야 한다. 과거에 자신이 얼마나 괴로웠고 얼마나 힘든 삶을 살아온 것인가를 계속 곱씹으면, 생각이 온통 괴로웠던 과거 시점에 머물러 있게 된다. 그러면서 점점 더 자신이 원하는 것에 대해서 생각해볼 시간이 없어진다. 과거에 있었던 괴로운 일에 대해서 계속 생각을 해도 과거를 변화시킬 수 없다. 당신에게 고통을 주었던 사람들을 떠올리고 그들을 미워하는 행동도 부질없다. 세상 모든 일에는 반드시 양면성이 존재한다. 당신에게 고통을 줬던 사람들을 단순히 미워하고 증오할 수도 있지만, 그런 사람들 때문에 세상을 더 넓게 보고 더 현명한 행동을 할 수 있는 사람으로 변모해나간 부분도 있을 것이다.

당신이 영업을 하면서 만난 많은 고객들도 마찬가지다. 당신을 거절했던 고객들이 너무나 미웠겠지만 당신이 그로부터 단련되고 새로운 방법을 찾아내며 발전했다면 그들이 결국엔 당신을 성장시켜준 고마운 사람인 것이다. 하루하루 마음의 변화가 크게 요동치는 사람들이 있는데 그건 사람들의 반응에 너무나 민감해서다. 세상이 당신을 홀대하고 고객들이 당신을 무시하는 것 같더라도 당신 스스로 변치 않는 마음가짐으로 원하는 것에만 집중하면 처음에 당신을 무시했던 사람들도 오해를 풀 것이고 당신이 이룬 결과를 인정하면서 고객이 되어줄 것이다.

▎손으로 집어서 입 안에 바로 넣어줘라

2024년 8월 6일 오전 9시 20분경 나는 살면서 상상해 본 적 없었던 특별한 경험을 하게 되었다. 잠실 에이플러스에셋 빌딩(예전 빌딩)에서 있었던 일이다.

오전 지점 조회를 끝내고 법인교육을 받으러 가던 엘리베이터에서 처음 본 50대 정도 되어 보이는 여성분이 내 옆에 계셨고 중간에 그 여성분을 알고 있는 듯한 분이 한 명 더 탑승했다. 원래 타고 있던 여성분이 손에 들고 있던 통에서 방울토마토를 집어 다른 여성분 입에 넣어주었다. 그걸 보려고 본 것이 아니라 그저 앞에 있기에 보고 있었을 뿐이었다. 그런데 그 여성분이 방울토마토를 내 입에도 넣어주시는 것이었다. 전혀 상상도 못 했던 일이었고 좀 놀라긴 했지만 너무나 자연스럽게 이미 내 입술에 닿아있는 방울토마토를 거절할 수는 없었다. 그냥 받아먹고 '고맙습니다'라고 말하는 것밖에 내가 할 수 있는 행동은 없었다. 입에 넣어주신 방울토마토를 씹고 삼키고 있는데 그분은 여성분에게 또 방울토마토를 집어서 넣어주시곤 또 바로 내게도 하나 더 주시는 게 아닌가. 하나만 주면 정이 없다는 우리나라에 퍼져 있는 오랜 속담과 같은 말을 실제로 실천하시는 분이었다. 그렇게 두 개를 받아먹고 나니 보통 사람들끼리 친해지기 전까지 가지고 있는 경계심이 눈 녹듯이 사라져 있음을 느꼈다. 내가 잘 아는 분은 아니지만 왠지 좋은 분이고 멋진 분이란 생각이 들었다.

그분은 영업을 매우 잘하시는 분일 거라고 난 확신한다. 사실 이렇게 자신의 상품(여기서는 토마토, 돈을 받지 않으셨으니 상품이라고 보긴 어렵긴 하지만)을 남들에게 당당하게 제시하고 제안하면 대부분의 사람들은 그런 사람에게 끌리게 되고 그 결과 그가 소개하는 상품에도 매력을 느낄 수밖에 없다.

사실 그분 같은 경우는 내가 대화를 따로 나누지 않아서 제대로 완전히 파악하지 못했지만 짧은 순간에도 본질을 아는 분이라는 걸 알아봤다. 웃는 얼굴에 침 못 뱉는다는 말처럼 친절하게 건네는 먹을 것을 마다하는 사람도 없을 것이다. 이런 본질적인 것에 집중을 할 수 있게 되면 보통 사람과 다르게 타인들의 눈치를 보지 않고 행동을 할 수 있게 된다. 그러나 보통의 평범한 사람들은 본질을 보기보단 현재 자신에게 놓여 있는 환경에 집중을 빼앗긴 상태로 살아간다. 그래서 사람들의 눈치를 보고 지엽적인 것에 영향을 받아서 자신이 하는 행동도 제약적으로 이루어지는 것이다.

당신이 당당할 수 있다면 상대는 거절을 잘 하지 못할 것이고 만약에 거절한다고 해도 당신에게 그 거절은 거절이 될 수 없다. '가는 말이 고와야 오는 말이 곱다', '주는 것이 있으면 받는 것이 있다' 이런 옛 속담들도 언제나 통하는 본질에 해당한다. 내가 먼저 작은 호의라도 베풀게 되면 그것이 보통 나에게 더 큰 이득으로 돌아오게 된다. 엘리베이터에서 만난 그 여성

설계사분처럼 당당하게 행동할수록 확실히 돌아오기 마련이다. 이 지면을 통해 특별한 경험을 하고 인사이트를 느낄 수 있도록 해주신 멋진 설계사분께 감사드린다. 나중에 성함을 알게 되면 이 책과 간식을 선물로 드리고 싶다.

당신이 확신이 드는 모든 상품은 주저하지 말고 그분처럼 바로 고객 입에 넣어주는 행동을 할 수 있기를 바란다.

▎인정욕구를 활용하라

士僞知己者死, 女僞悅己者容 사위지기자사, 여위설기자용

'선비는 자기를 알아주는 사람을 위해서 목숨을 바치고, 여자는 자신을 기쁘게 해주는 사람을 위해서 얼굴을 꾸민다.'

사마천의 『사기』에 나오는 이야기이다.

춘추시대 진나라의 유력 씨족인 지백을 보필하던 예양이란 자가 있었는데 씨족간의 싸움이 벌어져서 지백이 패배하고 죽게 되었다. 예양은 지백의 원수인 무술을 죽여 원한을 갚으려고 했으나 실패해서 무술에게 잡혔다. 무술은 예양의 옛 주인에 대한 충성심에 감동해서 그를 풀어주었다. 하지만 예양은 복수를 멈추지 않았다.

어느 날, 예양은 다시 복수를 위해 무휼이 지나가는 길목 밑에 몸을 숨기고 기회를 보고 있었다. 그러다 무휼의 수레를 끌던 말이 기척을 느꼈는지 멈춰섰고 무휼이 수레에서 내려 주변을 살펴보던 중 예양을 발견했다. 무휼이 말했다. "넌 이전에 범씨와 중행씨를 섬기다가 지백이 중행씨를 멸하자 주인의 원수를 갚기는커녕 지백의 신하가 된 자 아니냐? 그런데 이번에는 어찌 지백의 원수를 갚으려고 끈질기게 구는 것이냐?"

예양이 말했다. "전에 중행씨는 나를 하찮게 여겼으나 지백은 나를 국사國士로 대접해주었습니다. 하찮게 날 대우하면 그와 같이 보답하고 국사로 대우하면 나도 국사로서 보답하려는 것입니다." 그리고 예양은 무휼에게 간청해서 무휼의 웃옷을 얻어 그 옷에다 비수를 찔렀다. 그리고 "이젠 저승에 가서 지백을 만날 수 있다"라고 말하곤 비수로 가슴을 찔러 자결했다. 자신을 인정해주고 알아봐준 사람을 위해서 목숨을 바친 예양의 일화로 우리는 다른 사람을 인정해준다는 것이 사람들에게 얼마나 필요한 것이고 얼마나 큰 위력을 갖고 있는지 알 수 있다.

인정을 바라는 것은 모든 사람이나 동물이나 마찬가지다. 1930년대 대공황 시절에 불멸의 명마 '씨비스킷$_{Seabiscuit}$'은 최고의 뉴스메이커였으며, 이 경주마에 대한 영화도 있다. 씨비스킷은 1936년부터 1941년까지 89경기에 참가해 33승을 따냈고 13개 경주의 거리별 신기록을 달성하는 대기록을 남겼다. 씨비스킷이 경기에 참가하는 날에는 경마장 주변 도로가 마비되고 숙소와 식당은 인산인해가 되었다. 매주 400만 명이 씨비스킷 경기를 중계하는 라디오를 청취했고 씨비스킷의 마지막 경주에는 7만8000천 명이 참석했다. 그런데 씨비스킷은 다른 말보다 체격이 작고 다리도 구부정해서 경주마로서 매우 불리한 체형이었다. 잔인한 주인들로부터 많이 맞고 성장해서 성격도 포악했고 천성도 게을렀다.

이렇게 별 볼 일 없어 보이던 말이 어떻게 미국 역사상 최고의 명마로 변화할 수 있었을까? 그 비결은 씨비스킷의 잠재력을 알아보고 그 재능이 꽃필 수 있도록 헌신적으로 노력한 사람들에게 있다. 조련사와 기수는 씨비스킷이 겉모습과 달리 맹렬한 스피드와 비상한 머리, 그리고 불굴의 투지를 갖고 있다고 믿었다. 그렇게 씨비스킷을 인정하면서 씨비스킷에게 억지로 훈련을 시키는 대신에 달리고 싶은 마음이 들도록 만들었다. 기수였던 레드 폴라드는 씨비스킷이 잘못을 해도 채찍으로 때리지 않고 늘 목을 쓰다듬고 간식을 주었다. 나쁜 습관들을 한 번에 뿌리 뽑지 않고 차분하게 하나씩 제거해나갔다. 또 씨비스킷을 훈련시킬 때 실력이 비슷한 말들을 데려와 바짝 붙여 달리게 함으로써 경쟁심을 키워줬다. 다른 말보다 미리 출발시켜서 1등을 하게 하여 성공의 쾌감을 맛보도록 만들기도 했다. 이렇게 기수와 조련사의 인정과 믿음으로 씨비스킷의 숨어있던 재능이 서서히 피어나면서 불멸의 명마가 탄생한 것이다.

이렇게 인정받고 싶은 욕구는 생명체에게 가장 강력한 욕구다. 사람들의 관심사는 언제나 자기 자신일 수밖에 없다. 자신에게 관심을 두고 친절하게 대해주고 인정해 주는 사람을 좋아할 수밖에 없다.

1975년부터 1983년까지 오스트레일리아의 총리였던 말콤 페레이저(Malcolm Fraser)는 "우리가 가장 먼저 우선적으로 해야 할 것은 사람을 존중하며 대하는 것"이라고 강조했다. "만약 그렇게 하지 않고 나는 더 교육받았으니까, 내가 더 부자니까 상대보다 우월하다는 생각을 조금이라도 한다면 사람들은 멀리서도 그걸 다 읽을 수 있습니다. 그래서 절대 소통하려고 하지 않을 것입니다."

예술가가 뼈를 깎는 고통을 감내하면서 작품을 만들고 사업가가 죽을힘을 다해서 일에 매진하는 것도 그 밑바닥에는 인정받고 싶다는 욕구 때문이다. 자신을 인정해주는 사람에게는 비판 의식과 거부감이 사라지게 되므로 그 사람이 하는 말이라면 잠재의식에까지 통하게 되는 것이다. 영업을 잘하기 위해서는 **고객을 진심으로 인정하는 것**이 필수적인 절차다. 사람들은 아무리 인정을 받아도 인정이 부족하다. 충분한 인정을 받았다고 하더라도 그 만족감은 계속 유지되지 않는다. 식욕이나 수면욕과 마찬가지로 인정의 욕구도 계속해서 채워줘야 한다. 사람들은 인정 욕구를 계속해서 채워주는 사람을 좋아할 수밖에 없다.

▎감정과 행동은 내 팀원과 고객에게 전염된다

영업을 잘하는 사람들은 자신을 리더라고 생각하고 살아가는 사람들이다. 리더는 누가 시키지 않아도 스스로 해야 할 일을 계획하고 달성한다. 리더는 항상 자신의 몸가짐을 바르게 한다. 그렇게 의식적으로 자신의 행동을 올바르게 하고 가다듬는 노력을 해왔기 때문에 다른 사람들에게 영향을 줄 수 있는 존재가 된다. 멋진 리더로 살아가기 위해서는 작고 사소한 부분부터 잘 지켜야 하는데, 그것이 바로 자신의 감정과 행동을 잘 통제하는 것이다. 리더의 행동 하나가 조직 전체의 사기를 북돋을 수도 있고 반대로 땅에 떨어뜨릴 수도 있다. 우리의 감정은 타인에게 전염된다. 리더가 자주 웃고 기분 좋은 분위기를 전파하면 팀원들의 분위기도 화기애애해진다. 기분 좋은 상태로 일할 수 있으니 성과가 더 좋은 것은 당연한 일이다.

이를 뒷받침하는 과학적 근거 중에 '거울 뉴런mirror neurons'이라는 것이 있다. 거울 뉴런은 다른 사람의 행동을 보는 것만으로 마치 자신이 직접 행동하는 것과 같은 느낌을 받게 하는 기능을 한다. 타인의 행동을 그대로 비춰주는 거울과 같다는 뜻에서 거울 뉴런이라고 명명했다. 드라마를 보다가 주인공이 힘든 상황에 처하면 같이 괴로워지게 되고 댄스가수가 춤을 출 때 자신의 몸도 따라 움직이는 것을 흔히 경험해봤을 것이다.

이 뉴런은 이탈리아의 신경심리학자인 리촐라티Giacomo Rizzolatti 교수가 원숭이의 뇌를 연구하는 과정에서 우연히 발견했다. 그는 연구진과 함께 원숭이에게 다양한 동작을 시켜보면서 그 동작을 함에 따라 관련된 뇌의 뉴런이 어떻게 활동하는가를 관찰하고 있었다. 그런데 하루는 실험 조교가 원숭이 앞에서 아이스

크림을 든 손을 입으로 가져갔는데 조교를 바라보기만 한 원숭이의 뇌에서도 동일한 세포가 반응을 한 것이다. 다른 존재의 행동을 본 것만으로도 뇌에서 같은 반응이 일어난다는 사실이 확인된 것이다. 사람도 마찬가지다. 두 실험자가 화기애애한 대화를 나누고 있는 동안 발생하는 심장박동 등의 심리적 반응을 측정했다. 초반엔 그들의 신체가 각기 다른 리듬을 보였지만 15분 정도 대화를 나눈 뒤부터는 두 사람이 매우 유사한 생리적 패턴을 보여주기 시작했다.

사람은 기분이 좋을 때 하는 일의 성과도 좋아진다. '감성지능'으로 유명한 심리학자 다니엘 골먼$_{\text{Daniel Goleman}}$은 "조직원들에게 최고의 결과를 기대하는 리더는 우선 조직원들이 좋은 감정을 갖도록 만들어야 한다"고 했다. 사람의 거울 뉴런 중에는 타인의 미소와 웃음만 감지하는 부분이 있다고 한다. 절제력이 높고 유머 감각이 없는 보스 밑에서 일하는 직원들의 뇌에서는 그런 신경이 잘 작동하지 않는다. 하지만 잘 웃어주고 분위기를 부드럽고 좋게 만드는 리더는 직원들의 그런 신경을 작동하게 만들어 팀원들이 자신도 모르게 웃게 만들고 팀을 하나로 집결시켜낸다. 파비오 살라$_{\text{Favio Sala}}$ 박사의 연구에 따르면 가장 큰 성과를 만들어내는 좋은 리더들은 성과가 중간 정도인 리더들보다 부하들을 평균적으로 3배 정도 더 웃게 만든다고 한다. 좋은 분위기 속에서 사람들은 정보를 더 잘 받아들이고 창조적으로 반응했다.

리더로서 조직의 성과를 내기 위해 적정 수준의 압박과 의도된 비평은 필요하기도 하다. 하지만 일정 정도 이상의 압박과 비평은 주의해야 한다. 사람들은 스트레스를 받으면 아드레날린과 코르티솔이 분비되면서 사고력과 인지 능력에 악영향을 받는다. 리더의 요구가 감당할 수 없을 정도로 크다면 직원들은 코르티솔 수치가 높아지고 아드레날린이 분비되면서 정신적 기능이 마비될 수 있다. 특히 리더가 요령 없이 인격적인 비판을 하거나 화를 내면 직원들의 호르몬 분비가 갑작스럽게 촉진된다. 한 연구에 따르면 공개적으로 창피를 당하거나 싫은 감정을 느끼면 스트레스 호르몬 수치가 폭발적으로 증가하고 심장 박동도 1분당 30-40회 이상 증가하는 것으로 나타났다. 이때 거울 뉴런의 상호작용으로 인해 그 긴장감이 또 다른 사람들에게 전염이 된다. 그래서 부정적인 감정은 그룹 전체로 퍼지고 그들의 능률을 저해하는 결과로 이어진다. 그러면 이것은 다시 리더에게 부메랑처럼 돌아오고 악순환이 반복되면서 조직이 와해된다. 영업조직은 특히나 좋은 감정을 유지해야지 제대로 성과를 낼 수 있기에 리더의 역할이 정말로 중요하다. 처음부터 준비된 리더는 없을 것이다. 다만 이렇게 인간에 대한 이해를 높이고 자신부터 올바른 모습을 보여주려고 꾸준히 노력한다면 멋진 리더가 반드시 될 수 있다.

타성에 빠져 있는 사람들에게 해주고 싶은 이야기

영업을 하는 사람들이 하는 말 중에 '초보가 더 잘해요'란 말이 있다. 사실 여부를 살펴보면 당연히 베테랑이 더 잘하는 것이지 초보가 더 잘할 수는 없는 것이다. 그런데도 이런 이야기를 하는 사람들은 진정한 노력을 해본 적이 없었기도 하고 타성에 젖어든 채로 영업을 하는 사람으로 변질되었기 때문일 것이다.

타성대로 살아가는 영업인들이 너무나 많다. 새로운 노력을 시도하지 않고 기존에 통했던 구시대적인 방법으로만 계속 노력하고 계속된 실패를 맛보고 있는 안타까운 사람들 말이다.

사실 대부분의 사람들이 타성에서 벗어날 수 없는 이유는 타성은 인간의 타고난 무의식적 프로그램이기 때문이다. 인간의 두뇌 질량은 몸 전체로 보면 2%에 불과하다. 하지만 가장 편안하게 쉬고 있을 때에도 뇌는 우리 전체 에너지의 20%를 소모한다. 다른 기관들, 가령 심장(10%)이나 2개의 허파(10%), 2개의 신장(7%)보다도 훨씬 큰 에너지를 소모한다. 더구나 골똘하게 어떤 생각에 몰두하게 되면 뇌의 칼로리 소모량은 더욱 더 커지게 된다. 그래서 우리 몸은 두뇌가 최소한으로 에너지를 사용하도록 프로그래밍되어져 있다. 그 장치 중 하나가 사람들이 자연스럽게 스테레오타입$_{stereotype, 고정관념}$에 의존하도록 하는 것이다.

사람들은 어떤 사물이나 사건에 대해서 한 번 판단을 내리고 나면 그와 유사한 것들에 대해서는 다시 생각하거나 평가하려고 하지 않고 무의식적으로 기존 스테레오타입을 이용한다. 무의식에 대해서 생각해보고 메타인지적으로 자신을 되돌아보는 습관을 갖추지 못한 사람은 이렇게 기존 스테레오타입을 벗어나지 못하기에 발전도 어려운 것이다. 또 '경로의존성$_{path\ dependency}$'이라는 개념도 알아야 한다. 한 번 일정 경로에 의존하기 시작하면 그 후에 그 경로가 효율적이지 않다는 것을 알고도 여전히 그 경로를 벗어나지 못하는 습관적인 사고를 일컫는 말이다. 이는 스탠포드 대학교의 폴 데이비드$_{Paul\ David}$ 교수와 브라

이언 아서Brian Arthur 교수가 주장한 개념으로, 우리가 흔히 말하는 매너리즘이나 사고의 관성이란 개념과 비슷하다. 동전 옆면의 빗금도 경로의존성의 한 사례로 볼 수 있다. 과거에 금화를 쓰던 금본위제 시절에 사람들이 금화를 미세하게 깎아내 외부로 빼돌렸다. 이를 방지하고자 동전 옆면에 빗금을 쳤었다. 하지만 지금은 금본위제가 사라졌고 더 이상 동전을 만들 때 빗금을 칠 필요가 없다. 그렇지만 여전히 많은 나라가 동전 옆면에 빗금을 쳐서 발행한다. 옛 경로에서 벗어나지 못한 것이다. 사람들은 되도록 현재의 상황을 고수하고자 하는 경향성을 보인다. 윌리엄 새뮤얼슨William Samuelson과 리처드 젝하우저Richard Zeckhauser는 이를 '현상 유지 편향status quo bias'이라고 이름 붙였다. 『넛지Nudge』에서 미국 은퇴연금제도인 401(k)를 현상 유지 편향의 대표적 예로 들었다. 401(k)에 가입한 대부분의 직장인들은 처음에 결정한 자산배분방식을 선택한 후 그에 대해 까맣게 잊어버린다는 것이다.

심리학자이면서 노벨 경제학상을 수상한 대니얼 카너먼Daniel Kahneman은 피실험자를 두 집단으로 나눈 뒤에 아프리카 국가 중 UN 회원국이 몇 퍼센트나 될지를 질문 방식을 달리해 물었다. A집단에는 "45%보다 적을까?"라고 묻고 B집단에는 "65%보다 많을까?"라고 물어본 것이다. 이때 A집단은 B집단보다 평균적으로 낮은 수치를 답으로 제시했다. 질문에서 제시한 예가 사람들의 생각에 큰 영향을 끼침을 보여줬다. 이를 '닻 내리기 효과 anchoring effect'라고 한다. 닻을 내린 곳에 배가 정착하듯 처음 입력된 정보가 정신적으로 닻을 내리게 해서 뒤의 판단에 계속적으로 영향을 미치게 하는 것이다. 생각의 관성, 즉 타성을 뜻하는 또 다른 용어이다. 이렇게 사람이라면 누구나 태생적으로 타성에서 잘 벗어날 수 없도록 만들어졌다. 타성에서 벗어나려면 반드시 의도적으로 노력을 해야 한다.

현대는 과거보다 모든 영역에서 비교할 수 없이 빠르게 변화해가고 있다. 영업 분야에서도 당연히 큰 변화가 있어왔다. 판매자와 소비자 간에 정보 비대칭성이 크게 줄어들었고 사회 구조의 변화 등으로 당연하다고 생각한 것이 더 이상 통하지 않는 것도 많다. 과거에 말이 안 된다고 믿었던 것이 요즘 일상생활 속에 녹아들어있는 경우도 많다.

과거에는 영업이 잘되었는데 왜 요즘은 잘 안 되는 것일까? 이런 생각이 든다면 분명히 과거에 통하던 방식만 반복하며 타성에 빠진 것이 문제일 것이다.

오늘의 강자가 꼭 내일의 강자일 수는 없다. 오늘 영업을 잘한 사람이 내일도 잘해내려면 반드시 끊임없이 배우고 노력해야 한다. 정체되지 않고 배우려는 진정성 있는 마음만 있다면 얼마든지 타성에 빠지지 않고 끊임없이 자신을 업그레이드시킬 수 있다.

모든 것이 엄청난 속도로 변화하는 요즘 세상에서는 속도가 경쟁력이 된다. 그러나 잘못된 방향으로 안 좋은 타성대로 더 빨리 가봤자 실패와 패배를 더 키워낼 뿐이다.

▎창의력 없는 영업인으로 남을 것인가?

우리나라 사람들은 외국인들보다 비교적 실패를 두려워하는 마음이 크다. 그 이유는 실패를 처벌하는 문화가 생성되어 있어서 그렇다. 실수하고 실패하면서 성장하고 발전하는 것인데 실패한 사람에게 면박을 주고 기를 꺾는 나쁜 문화가 있는 것 같다.

하버드대 교수 하워드 가드너 교수는 창의성에 관해서 이런 이야기를 했다.

"누군가를 창조적인 사람이 될 수 없게 하는 방법은 새롭고 기존과 다른 일을 시도할 때마다 벌을 주면 됩니다. 창의성은 실수하면서 계속 도전해 나가는 것인데, 실수를 두려워하는 동아시아 문화는 창의성을 저해합니다. 실수를 두려워하지 마세요. 중요한 것은 똑같은 실수를 되풀이하지 않도록 노력하면서 계속해서 새로운 실수를 경험해야 합니다."

남들과 다른 의견을 이야기하고 말해봤자 나만 피곤해진다는 인식들이 팽배해지면 개인이나 조직 모두 정체되고 후퇴할 수밖에 없다. 실패에 대한 두려움을 버리고 자신이 원하는 것에 분명하게 집중할 때 비로소 창의성이 꽃피게 된다.

사실 실패했다는 말은 그 일을 시도한 사람이 죽은 뒤에나 해야 할 말이다. 아무리 실패를 해도 죽지 않고 또 시도하고, 계속 시도해서 이루어 내면 그 어느 누구도 실패란 말을 할 수가 없다. 근데 대부분의 사람은 죽지도 않았는데 한 번 시도해보고 안 된 것을 실패라고 단정하고 살아간다. 혹시라도 남들이 "당신은 실패한 거야." 이런 말을 한다면 말도 안 되는 소리를 들은 것이라 생각하라. 당신은 여전히 숨을 쉬고 살아있기 때문이다. 다시 시도해서 되게 만들라. 장담하건데 당신이 어떤 일이든 죽을 때까지 계속해서 쉼 없이 시도했다면 반드시 대단한 성취를 만들어낼 것이고 남들도 성공이라고 인정하는 삶을 살게 될 것이 분명하다.

▍실패를 대하는 태도, 마음에서 지우는 연습이 필요하다

　미국에 '포지티브 코칭 얼라이언스$_{\text{Positive Coaching Alliance}}$'라는 비영리 전국 조직이 있다. 스포츠 선수들이 긍정적인 자세를 갖고 즐길 수 있도록 선수와 코치진, 부모들을 교육해주는 기관이다. 1998년 스탠퍼드대학에 처음 설립된 이 조직은 어린 아이들이 스포츠를 제대로 즐기지 못하는 이유가 실수에 대한 두려움을 갖고 있기 때문임을 파악해냈다. 그래서 실수에 대한 두려움을 극복하는 방법을 가르치기 위해 '실수 의식'이란 것을 실행했다. 만약 어떤 야구선수가 타석에서 삼진아웃을 당했거나 병살타를 쳤을 때, 그 선수는 더그아웃으로 돌아와 손바닥만 한 크기의 장난감 변기에 실수를 '버려버리는' 의식을 치른다. 타석에 들어선 선수들은 마음속에 그 변기의 이미지를 떠올리면서 실수에 대한 두려움을 버리고 지울 수 있었다. 또 힘들게 싸우고도 지게 되는 경우에는 선수 전체가 모두 둘러서서 티셔츠를 찢고 바닥에 내던져버림으로써 그 게임을 마음에서 지워버리는 것이다. 이 조직의 이사이자 스포츠 심리학자인 켄 레비자(Kem Ravizza)는 실수 의식을 캘스테이트 풀러턴 대학 야구팀에 적용해서 실험했다. 최다연패 기록을 갖고 있던 팀이 이 '실수 의식'을 도입한 후로 변화하기 시작했다. 시즌 초반 15승 16패 기록을 '버려버리고' 계속 이기더니 32승 22패의 기록을 달성해 냈다. 그리고 대학부 월드시리즈에서 전국 우승을 거머쥐었다. 우리가 실패에 대한 두려움을 정신에서 제거해버리면 어떤 성취를 이룰 수 있는지 보여주는 사례이다.

실패를 무조건 용인하라는 뜻이 아니다. 실패에 주저앉지 말고 제대로 된 원인을 분석하고 두려움 없는 정신 상태로 새롭게 도전을 하라는 것이다. 그런 방식으로 실패가 쌓이고 쌓이게 되면 반드시 성공의 열매가 열리게 될 것이다.

고객에게 거절당할수록
강해지는 법

▎영업에 대한 스트레스를 본질적으로 줄이는 방법

많은 영업인들이 영업에 대한 스트레스가 크다고 호소한다. 스트레스는 다양하다. 새롭게 만나야 할 사람들을 찾는 것부터 고객을 만나고 거절을 당할 때 좌절감과 불쾌함 등등 이런 모든 일들을 괴롭고 불편한 스트레스로 받아들이게 되면 영업을 그만두고 싶다는 생각을 하게 될 것이다. 영업에 대한 스트레스를 본질적으로 줄여야 한다.

일단 영업을 말하기 전에 세상이 돌아가는 방식을 파악하

라. 당신의 삶에서 가장 중요한 사람은 누구인가? 부모 형제와 같은 혈연을 제외하고 누가 가장 중요한가? 아마 한 명만 말하기 어려울 것이다. 여러 분야에서 중요한 사람들이 각각 존재할 것이다. 당신에게 중요한 사람들은 모두 당신의 기억에 강렬하게 저장된 사람들이다. 수많은 사람들을 만나고 살아왔는데 왜 당신은 모두를 기억하지 않고 소수의 사람을 더 강렬하게 기억하고 중요하게 여길까? 그들이 누군지 난 알 수 없지만 확실한 점은 그들이 당신에게 강렬한 집중을 끌어낸 사람이란 것이다. 어려울 때 도움을 주었든, 아니면 예술이나 스포츠 분야에서 잊을 수 없는 전율을 느끼게 했든, 당신을 누구보다 행복하게 만들어주었든 어떤 경우라도 그들은 당신을 엄청나게 집중시켰던 것이다. 그 결과 당신은 강렬한 인상을 받았고 그들과 가까워진 것이다. 그러니까 그들이 당신을 집중시키지 못했더라면 당신은 그들을 중요하게 여길 리가 없단 뜻이다.

영업에서도 마찬가지 아닌가? 수많은 영업인들이 존재하지만 당신은 보통 귀찮게 여겼을 것이다. 그러나 그중에서 분명 다른 느낌으로 다가와서 여러분을 집중시킨 사람이 있을 것이다. 그 영업인이 말하는 내용은 이성적 판단 작용을 거치지 않고 무비판적으로 당신의 잠재의식에 도달했기에 기쁜 마음으로 어떤 상품이든 구매했던 것이다. 겉으로 보기에 말이 잘 안 통할 것 같고 험상궂은 사람이더라도 반드시 어느 사람들과 똑같이 수많은 물건을 구매해서 살아가고 있다. 그 이유는 그런 그도 집중시킬 수 있었던 세일즈맨이 있었기 때문이다.

이 세상 모든 사람은 자신을 제대로 집중시킨 사람에 대한 비판의식과 거부감이 약해지기에 구매를 쉽고 자연스럽게 할 수 있다. 영업인이 남들과 차별화된 집중 상태에 있고 최면과 비슷한 상태를 만들 수 있다면, 판매 권유가 무비판적인 암시로 상대에게 전달되고 상대가 그 암시대로 구매를 하게 된다. 세상 모든 사람은 지금 내가 말한 이 법칙 하에서 평생을 살아간다. 그러니까 영업인으로서 당신이 반드시 갖춰야 할 가장 중요한 믿음은 바로 이것이다. 보통 영업인들과 차별화된 **'고도의 집중과 몰입 상태'**를 당신이 만들어내기만 하면 어떤 누구에게라도 판매가 가능해진다는 점이다.

그래서 난 영업을 하는 수강생이나 제자들에게 항상 강조한다. 상대에게 물건을 바로 판매하려고 하지 말고 남들과 차별화된 집중을 이끌어내라고. 상대를 확실하게 집중시키고 완전한 몰입을 만들어낼 수 있는 사람이 영업을 두려워할 리는 없다.

그러니까 진정한 영업은 단순히 물건을 판매하려고 섣불리 덤벼드는 것이 아니라 상대에게 차별화된 집중과 몰입을 만들어주는 예술적인 경지에 있는 것이다. 어떤 구매가 생긴 곳에는 반드시 차별화된 집중과 몰입을 만들어낸 세일즈맨이 있었다는 것이다. 이제부터는 자신을 판매에 급급한 존재로 여기지 말고 '고도의 집중과 몰입'을 만들어내는 예술가로 정의하고 멋진 영업을 하란 말이다. 지금 이야기한 진리를 계속해서 생각하고 또 생각하면 진정으로 자신을 믿을 수 있게 될 것이다. 이 진리를 모르고 영업을 해온 사람들은 지난 달 실적이 좋았더라도 다음 달에도 잘할 수 있을까 하는 불안감이 들 수도 있다. 하지만 이 진리를 기억하고 산다면 어떤 누구를 만나더라도 '고도의 집중과 몰입'을 만들기만 하면 된다는 것을 알기에 매달이 아니고 평생토록 영업을 잘할 수밖에 없다는 것을 비로소 믿고 실천하게 된다.

또한 지구에는 현재 80억이 넘는 사람들이 있다. 대한민국의 작은 영토에도 5천 만이 넘는 사람들이 있다. 그리고 모든 사람들은 정신적으로 육체적으로 여러 가지 문제가 많다. 생로병사 그 모든 과정이 문제가 된다. 또 타인으로부터 더 인정받고 더 사랑받고 싶어 하는 욕구와 욕망에서 벗어나지 못해서 파생되어지는 문제도 있다. 이렇게 사람들의 문제를 일일이 열거하다 보면 책 몇 권을 써도 부족할 것이고 시대적 상황에 따라서 사람들의 문제는 끝없이 계속해서 생겨나기 마련이다. 이렇게 사람들은 저마다의 문제로 급급하다.

그런데 사람들이 이 세상 수많은 군중 속에서 왜 특별히 당신에게 관심을 주고 집중해줘야 할까?

이 질문에 나름의 소신을 갖고 정확하게 이야기할 수 있는 사람이라면 영업을 매우 잘하고 있을 사람이다. 왜냐면 그 소신에 찬 이유로 사람들을 만나면서 나름의 도움을 줄 수 있는 사람일 것이기에 사람들의 마음을 열 수 있고, 그럼 어떤 상품이든 더 잘 팔 수 있는 것이 당연하기 때문이다. 반면 이 질문에 대답할 수 없는 상태인 사람들은 영업에 매우 어려움을 느끼고 있을 것이고 두렵기조차 할 것이다. 내가 20대부터 기숙학원계에 없었던 심리수업을 당당하게 처음 보는 학원장님들에게 제안하고 성사시킬 수 있었던 이유도 사실은 내가 보통 사람들과 어떻게 다른지를 스스로 명확하게 알고 있었고 또한 그 차별성을 상대방이 이해할 수 있도록 잘 설명할 수 있었기 때문이었다.

결론은 남들보다 더 중요한 가치를 깨닫고 그것에 대해 더 많은 고민을 하고 남들에게 도움을 줄 수 있는 지식과 능력을 갖춘 뒤에 그것을 상대방의 입장에서 제대로 설명할 수 있어야 한다는 뜻이다. 그렇게 된다면 영업은 전혀 두려운 것이 아니며, 전문 분야에서만큼은 당신이 상대보다 단연코 우월한 존재로서 배려하고 돕는 과정이 되기에 즐거움과 행복감을 키우는 원천적인 행동이 되는 것이다. 세상에 공짜는 없다. 그러니 더 많은 사람을 만나서 더 큰 도움을 주고 그에 대한 보상을 받아낼 수 있는 사람으로 살아갈 것을 맹세하라. 그러려면 남들보다 더 치열하게 노력하게 될 것이고 처음 본 사람들도 당신을 빠르게 인정하고 좋아하게 되면서 당신의 상품을 기쁜 마음으로 구매할 것이다.

상대방에게 부담감을 주고 싶지 않아요

영업인들 중에 고객에게 제안하는 것을 부담을 주는 것이라 믿고 있는 사람들이 많은 것 같다. 그러면서 상대에게 부담감을 주는 영업 방식은 자신과 잘 안 맞다고 말하는 사람들이 있다. 상대방에게 보험에 대한 이야기를 여러 번 하면 부담을 주는 것인가? 보험을 떠나서 어떤 상품을 계속 제안하는 것이 상대방에게 부담을 주는 행동인가? 만약 여기서 당신이 그렇다라고 대답했다면 당신은 아직 영업을 잘 못하는 사람일 것이다.

영업인이 권유했는데 상대가 부담을 느꼈다면 그 영업인이 판매할 상품의 필요성을 충분히 인식시키지 못한 상태에서 판매를 권유했기 때문이다. 사람들의 수많은 문제가 있지만 특히 문제가 되는 것이 자신이 무슨 문제가 있는지 잘 인지하지 못한 채로 살아간다는 것이다. 자신의 문제에 대해서 고민하려고 하지 않고 문제를 회피하는 방식을 택하며 살아가는 사람들이 우리 주변에 너무나 넘쳐난다.

제대로 된 실력 있는 영업인이라면 사람들이 자신의 문제를 잘 생각하지 않고 살아간다는 이 문제를 제대로 인식하고 사람들을 만난다. 그래서 섣불리 자신이 팔고 싶은 제품에 대해 이야기를 꺼내면서 판매 권유를 하지 않고, 잠재 고객들이 간과하고 살아가는 그들의 문제를 끄집어낸다. 그래서 그 문제에 관해서 잠재 고객이 심각성을 구체적으로 느낄 수 있도록 계속해서 잠재 고객의 당면 문제를 크게 부각시키는 행동부터 한다. 그리고 잠재 고객이 문제성을 파악하게 하면서 지금 바로 이 문제를 제대로 해결하지 않으면 앞으로 펼쳐질 미래에 어떤 문제점들이 추가로 생기고 상황이 어떻게 악화될지를 심화시켜서 느낄 수 있도록 한다. 지금의 문제를 방치했을 때 그것이 어떻게 걷잡을 수 없을 정도로 심각한 상황으로 확장될지를 더 구체적으로 느끼게 만들어 준다. 그러면서 이 문제를 해결할 수 있는 확실한 지식을 자신이 갖췄음을 고객에게 인지시키고 어떻게 도움을 줄 수 있는지를 구체적으로 설명한다.

이렇게 접근하는 영업인을 부담스러워할까? 전혀 그렇지 않다. 확실하게 자신의 문제를 인지하게 된 고객은 그 문제를 해결해낼 수 있는 영업인에게 고마움을 느끼고 감동까지 하게 되는 것이다. 이 상황에서 부담이란 단어는 끼어들 틈이 없다.

그래서 만약 잠재 고객이 여러분이 판매 권유를 할 때 너무 부담스럽다고 이야기했다면 그 진짜 이유는 당신이 그 사람의 문제를 제대로 인식시키지 못했다는 뜻이 된다. 문제를 인식시키고 그것을 제대로 전문가답게 풀 수 있는 능력을 갖추고 있다는 것을 고객에게 어필할 수 있어야 한다. 그렇게 되면 고객은 자신의 문제를 전문성을 갖추고 풀어낼 당신의 존재를 반기고 기뻐하는 것이다.

그러니 부담을 주기 싫다고 하는 말이 얼마나 안타까운 변명이고 핑계인지 잘 생각해보라. 상대방의 문제를 제대로 인식시키고 그 문제를 풀기 위해서 당신이 얼마나 남다르게 노력하고 실력을 갖췄는지, 어떻게 도울 수 있는지를 확실하게 전달할 수 있다면 부담이 아닌 감동이 가득한 세일즈를 할 수 있게 된다. 이제부터 고객에게 부담을 주기 싫다는 말은 입 밖으로 내뱉지 말라. 부담 주기 싫다는 말은 전문성을 갖추는 노력을 안 했다는 반증이고 앞으로도 노력을 하지 않겠단 말이란 것을 명심하라.

잠재 고객들이 자주 하는 거짓말들

고객을 찾아다니면서 대화를 해보면 고객들이 자주 하는 거짓말들이 있다는 것을 알게 된다. 그런데 고객이 흔하게 하는 거짓말 중엔 구매 의사가 없어서 하는 거짓말도 있고 또 본의 아니게 무의식적으로 하는 습관화된 거짓말도 있다. 그중에 빈번히 나오는 거짓말 두 가지를 알려주고 싶다.

고객들이 흔히 무의식적으로 하는 첫 번째 거짓말은 **돈이 없다는 거짓말**이다. 이들은 습관적으로 자신도 모르게 반복적으로 돈이 없다는 말을 자주 써왔기에 영업인인 당신 앞에서도 돈이 없다는 거짓말을 자연스럽게 한다. 이런 거짓말을 당신에게 할 때 당신이 슬기로운 반응을 하게 되면 계약으로 이어지게 되고 어리석은 반응을 하게 되면 돈이 없다는 거짓말에 굴복하게 된다.

일단 돈이 없다는 말이 맞을까? 틀린 말이다. 성인이 되어서 일을 하는 사람들은 모두 돈을 벌기에 돈이 있는 것이다. 액수의 차이가 있긴 하지만 누구나 돈이 있다. 진짜 돈이 없는 사람은 경제 활동을 전혀 하지 않고 부모님의 도움도 전혀 기대할 수 없는 사람뿐일 것이다. 사실 그런 사람일지라도 은행 등으로부터 돈을 빌릴 수도 있는 것이고 대출을 받게 되면 돈은 있는 상태가 된다. 그래서 거의 대부분의 사람들은 돈이 있다. 밥을 먹고 옷을 사입고 사람들을 만나는 이 모든 행동에는 반드시 돈이 필요하기에 돈이 없었다면 진작에 사망에 이르렀을 것이다. 사망에 이르지 않은(돈이 있기에 가능하다) 사람이 자꾸 돈이 없다고 말하는 이유는 돈은 있는데 자신도 모르게 쓸데없는 곳에 돈을 쓰고 탕진하는 사람이기에 없다고 하는 것이다.

이런 사람들은 어떻게 해야 하는가? 당신이 보험설계사라면 이들의 잘못되고 부족한 생각을 고쳐줄 수 있어야 하지 않을까? 이런 사람들일수록 더 중요하고 가치 있는 것에 먼저 돈을 쓸 수 있도록 도와야 하는 것이 맞지 않는가. 가진 돈을 현재만 생각하고 짧은 만족과 기쁨을 위해서 사용해서 결국 허망하게 소멸시켜내는 자들이 돈이 없다는 잘못된 이야기를 잘못된지 모르고 하는 것이다. 그래서 보험을 판매한다는 것은 사실 돈이 없다는 황당하고 어리석은 소리를 자기도 모르게 하는 사람들을 계몽하는 일인 것 같기도 하다.

보험에 가입함으로써 미래의 건강을 보장하고 불의의 사고로부터 발생될 수 있는 경제적인 부담을 줄여 고객들의 돈이 없어지지 않도록 도울 수 있다. 그러니 혹시라도 고객이 돈이 없다는 말을 하면 그 말을 믿지 마라. 고객이 반드시 돈이 있다는 것을 명심하고 그 돈이 왜 빠르게 쉽게 의미 없게 사라지고 있는지를 고객이 생각하도록 만들라.

가장 중요한 것은, 현재 갖고 있는 돈을 최우선적으로 지불하게 만드는 것이다. 그래야 고객이 남은 돈을 더욱 소중하게 사용하면서 살아갈 수 있는 것이다.

두 번째는 **시간이 없다는 거짓말**이다. 매번 시간이 없다는 말을 입에 달고 살아가는 사람들이 얼마나 많은가? 시간이 없다는 말은 사실 성공하기 위해서는 절대로 하면 안 되는 말이기도 하다. 우리 인간은 죽는 마지막 순간까지 시간이 있는 것이다. 죽은 이후에만 시간이 더 이상 없는 것이다. 그러니 죽기 전까진 시간이 없다는 말을 하지 말라. 그 말을 하는 것은 어리석음을 드러내는 것이고 할 때마다 거짓말을 하고 있는 것이다.

이것을 영업인으로 사는 당신부터 반드시 잘 지키고 살아가야 한다. 그럼 잠재 고객들이 시간이 없다는 거짓말로 당신을 피하려고 할 때 흔들리지 않고 고객에게 시간을 당당하게 요구할 수 있는 영업인이 될 수 있다.

고객이 바쁘다고 하면 어떻게 해야 할까?

세상에 바쁘지 않은 사람들이 있을까? 없을 것이다. 인간이란 존재는 무언가에 집중하고 몰입할 수밖에 없는 높은 지능을 갖고 태어났기에 살아가는 동안 항상 바쁘게 무엇인가를 하고 있다. 누구나 바쁜 것이 기본이란 뜻이다. 다만 바쁜 건 마찬가지지만 누군가는 의미 있는 것을 하느라 바쁜 것이고 누구는 쓸

데없는 짓 또는 비생산적인 짓에 집중을 뺏겨 바쁜 것이다. 그래서 두 사람간의 얻어내고 만들어낸 결과가 많은 차이가 날 뿐이다.

일단 고객이 될 사람이 바쁘다고 하면 "전 사장님처럼 바쁜 분들만 만나고 도움을 드리는 사람입니다. 바쁘지 않은 사람은 아예 만나지를 않죠. 바쁜 분일수록 가장 중요한 것을 놓치는 경우가 많기에 바쁜 분들에게 가장 중요한 것을 먼저 알려드리고 도움을 주는 일을 하고 있는 것입니다." 이런 식으로 대답을 하는 것이 필요하다.

"정말 많이 바쁜 사장님들도 처음에 저를 보셨을 때 바쁘다고 하셨지만 제가 아주 짧게 10분 동안 해드리는 설명을 들으시고는 바로 저의 고객이 되어주셨거든요. 사장님이 바쁘다고 하셨는데 바쁜 건 매우 좋은 것이죠. 근데 진짜 좋은 건 의미 있게 바빠야 하는 거겠죠? 저에게 10분만 시간 내주시면 사장님도 많은 돈을 버실 수 있고 절약하실 수 있게 될 것입니다. 지금보다 더욱 의미 있게 바쁘실 수 있도록 도와드리겠습니다." 이런 식으로 당당하게 이야기해야 한다.

그래도 바쁘단 이야기를 한다면 "사장님이 바쁘시다고 하시지만 아무리 바쁜 사장님이라도 제가 10분 동안 말씀드릴 것을 모르는 채 사업 경영하시는 분들은 매출이 떨어지고 이내 회사 경영이 실패로 돌아가고 맙니다. 진짜 바쁘실수록 더욱 더 시급하게 알아야 하는 필수지식을 알려드리겠습니다. 제가 이걸 알려드린 대표님들은 저에게 너무나 고마워하십니다. 덕분에 매출도 오르고 많은 돈을 절약하게 되었다고 말이죠. 바쁘신 사장님도 10분 지나면 저에게 너무나 고마워하시게 될 것입니다. 딱 10분만 시간 내주십시오." 이렇게 물러섬 없이 당당하게 이야기할 수 있어야 한다.

영업이 어렵다고 길들여진 불쌍한 사람들

태국, 라오스, 베트남, 인도 등지에서는 관광업이나 노역에 이용하기 위해 야생의 새끼 코끼리를 어미로부터 떼어낸다. 새끼 코끼리는 밧줄로 묶이거나 나무 틀 안에 갇혀, 저항할수록 더 많은 폭력과 굶주림을 겪는다. 쇠꼬챙이로 피부가 찢기고, 발길질을 당하며, 결국 '인간에게 복종하지 않으면 살아남을 수 없다'는 공포가 그들의 무의식에 각인된다. 많은 새끼 코끼리들이 그 과정에서 죽는다. 살아남은 일부는 마침내 저항을 멈추고 인간에게 복종하게 된다. 자유롭게 들판을 누비며 먹이를 찾던 본능은 사라지고, 서커스에서 재주를 부리거나 관광객을 태우며 걷는 삶을 받아들인다. 그리하여 사람들 앞에서 고개를 조아리고, 사육사의 지시에 맞춰 행동하며, 누군가 던져주는 음식으로 하루하루를 버틴다. 이처럼 코끼리의 정신을 무너뜨려 길들이는 잔혹한 행위를 '파잔$_{phajaan}$'이라 부른다. 잔인하고 비인간적인 이 행위에 많은 사람들이 분노한다.

우리도 어릴 때부터 세상은 원래 힘들고, 돈은 아무나 버는 게 아니라는 말을 수없이 듣고 자란다. 부모가, 학교가, 사회가, 미디어가, 주변의 어른들이 끊임없이 말해주었기 때문이다. 처음에는 낯설었던 그 말들이 어느새 진실처럼 각인된다. 그렇게 사람은 세상이 제시한 프레임 안에 자신을 가둔다. 뛰어들기도 전에 '난 못 해'라고 생각하고, 도전하기도 전에 그건 아무나 하는 게 아니라며 뒤로 물러선다. 몸은 자유로운데, 정신은 결박된 상태가 되는 것이다.

이건 사람에게 행해지는 또 다른 형태의 파잔이다. 그리고 이 파잔은 단지 정신을 억압하는 데서 끝나지 않는다. 스스로 무엇을 만들어내는 대신, 누군가 짜놓은 시스템 안에 들어가 안

주하고, 작은 틀 안에서 안전하다는 착각 속에 살아가게 만든다. 누군가 만들어놓은 월급과 누군가 판단해놓은 성공의 기준 안에서, 자신은 그저 따라가기만 한다. 이 세상에 정말로 어려운 일이 있는 걸까? 어렵고 힘든 것은 대부분 그 일에 필요한 지식이 없거나, 지식이 있어도 실천하지 않아서 생기는 감정이다. 불가능한 일도 있다. 하지만 어렵고 힘든 일은 대부분 자기 안의 실행력 부족에서 비롯된다. 우리는 해보지도 않고 '어렵다'고 말하며, 주저앉아버린다. 그리고 그런 주저앉은 모습이 자녀들에게도 고스란히 전해진다.

나는 이런 방식의 삶을 거부했다. 나는 내 아이에게 못 해낸 모습을 보여주고 싶지 않았다. 그래서 영업을 택했다. 누군가를 설득하고, 마음을 열고, 전혀 구매 의사가 없던 사람에게서 가치를 끌어내는 그 복잡하고 어려운 일, 바로 그것이 인생을 바꾸는 힘이라는 걸 알았기 때문이다. 사람들은 영업을 무시하지만, 사실 영업은 종합 예술이다. 용기와 자신감, 공감 능력, 전문성, 실행력, 커뮤니케이션 능력 등 모든 것이 한데 모여야만 비로소 사람을 움직일 수 있다. 그리고 이 능력은 훈련과 노력, 반복과 실천 속에서 길러진다. 어느 날 갑자기 되는 것이 아니라, 포기하지 않는 하루하루 속에서 체득되는 것이다.

영업을 통해 삶을 바꿀 수 있다는 건, 내가 삶을 주도하는 사람으로 성장했다는 뜻이다. 세상이 아무리 나를 길들이려 해도, 내가 가진 지식과 실천력이 나를 보호한다. 남들이 못 한다고 해도 나는 해낼 수 있다. 남들이 실패한다고 해도 나는 다르게 시도할 수 있다. 나를 길들이려는 세상의 파장은 더 이상 통하지 않는다. 남들이 해낸 일이라면, 나는 더 잘해 낼 수 있다. 그렇게 생각하고, 그렇게 살아가는 것, 그게 진짜 자유이고 진짜 실력이다. 세상의 틀 안에 나를 맞추지 말고, 세상이 나를 다시 보게 만들어라. 그게 영업이고, 그게 사람으로 태어난 우리가 해야 할 '길들이기'에 대한 저항이다. 영혼을 잃지 않기 위해, 우리는 매일 증명해야 한다. 나는 길들여지지 않았다고.

본질의 언어로 말하라:
고객에게 최면을 거는 법

사람은 자신이 표현할 수 있는
언어의 한계 안에서 살아가는 존재다

　세상의 거의 모든 사람은 부자가 되고 싶다고 할 것이다. 근데 부자가 무엇인지에 대해서 언제나 명확하게 설명할 수 있는 상태로 살아가는 사람은 소수에 불과하다. 행복도 마찬가지다. 행복하게 살고 싶은 사람들만 존재하지만 자신의 행복에 관해서 명확하게 설명할 수 있는 사람들은 흔치 않을 것이다. 책임감 있게 살아야 한다고 이야기하는 사람들에게 책임감이 무엇인지를 설명해보라고 하면 그중에 대부분은 말문이 막히게 된다. 세상으로부터 기회를 얻어내고 싶지 않은 사람은 단언컨대 존재하지 않을 것이다. 그런데 기회를 얻어내고 싶은 마음이 간절한 수많은 사람들에게 물어보라. 기회를 얻어내려면 어떻게 해야 하는지 설명하라고 해봐라. 그럼 절대 다수가 기회를 얻어내는 방법에 대해서 구체적이고 본질적인 설명을 하지 못하는 것을 보게 될 것이다.

제대로 설명할 수 있는 자만이 제대로 된 지식을 갖춘 것이다. 전 지구인이 성공한 삶을 살고 싶다고 이야기하겠지만 성공한 삶이 무엇인지 명확하게 설명할 수 없는, 본질적인 지식이 부족한 상태로 삶을 살고 있기에 그들에게 성공은 도달할 수 없는 요원한 것이 되고 만다. 정말 안타까운 것은 지식 부족 상태로 살면서 초라한 인생을 살아가고 있는 사람들이 그렇게 힘들게 사는 진짜 이유가 자신의 지식 부족으로 인한 것임을 모른다는 점이다. 본질적 지식으로 자신의 문제를 해결하지 못하는 사람들은 점쟁이 등을 찾아다니면서 말도 안 되는 이야기를 듣고 거기에 부질없는 희망을 느끼며 살아가게 된다. 그런 어리숙한 사람들의 한계를 잘 파악하고 교묘하게 이용한 사기꾼들도 세상엔 너무나 많다. 세상에서 가장 중요한 가치와 개념 그리고 법칙을 본질적인 언어로 표현할 수 없는 사람들은 삶이 끝나는 날까지 계속 반복해서 사기꾼들에게 농락당하는 삶을 살아갈 수밖에 없다. 이 책을 통해 독자분들은 가장 중요한 것들을 입으로 표현할 수 있게 될 것이고 자연스럽게 멋진 행동을 하면서 안정되고 풍요로움 속에서 살게 될 것이다.

▍팔러 가지 마라, 최면시키려고 가라

많은 영업인들은 자신의 물건을 팔고 싶어 한다. 그것은 당연한 것이긴 하다. 하지만 입장 바꿔 생각해보라. 사람들에게 뭔가 팔려고 하는 사람들을 당신은 좋아하는가? 그렇지 않을 것이다. 내게 다가와 무언가를 팔려고 하는 사람은 귀찮고 피하고 싶은 존재일 뿐이다. 하지만 판매를 목적으로 다가오는 것이 아니라 내게 도움이 되거나 감동을 느끼게 하는 식으로 접근해 오는 사람이 있다면 그 사람에게는 마음이 열리게 된다. 일단 마음이 열릴 정도의 감동을 선사해 주는 사람이라면 그가 판매하는 것에도 자연스럽게 마음이 가게 되고 구매도 자연스럽게 이루어질 수 있다.

▎당신이 사장님이라면?

자신의 몸값을 올리고 싶지 않은 사람은 세상에 없을 것이다. 몸값을 올리고 싶다면 그 결정권을 갖고 있는 사장의 입장을 살펴보자. 당신이 사장이라고 생각해보라. 기업의 이익을 극대화하기 위해서 항상 고민 중이다. 제품을 잘 판매해주는 직원들을 너무나 소중하게 생각할 수밖에 없다. 구매 의사를 일으켜내는 것이 아닌 단순 판매만 가능한 직원들이라면 얼마든지 더 구할 수 있다. 이렇게 평범한 능력만을 겨우 갖춘 직원이 퇴사한다고 해도 전혀 문제 될 것도 없고 아쉽지도 않다. 구매 의사가 있는 사람들에게만 판매할 수 있는 직원이 몸값을 올려달라고 한다면 사장은 그 요구를 들어줄 이유가 없고 머릿속으로 다른 대체 인원을 뽑을 생각이나 하고 있을 것이다. 이렇게 사장의 입장을 이해하고 일할 수 있는 사람은 미래에 사장이 될 수 있다.

▎영업을 잘하려면 사람을 좋아해야 한다

영업을 잘하는 사람들은 사람들을 좋아하는 사람이다. 사람들에게 "당신은 사람을 좋아합니까?"라고 물어보면 아마도 "그렇다"라고 대답할 사람들이 많을 것이다. 말로는 사람들을 좋아한다고 하지만 제대로 의미 있게 사람들을 좋아하는 사람은 아주 많지는 않은 것 같다.

의미 있게 사람들을 좋아한다는 것은 무엇일까? 사람은 누구나 부족한 점들이 있다. 완전한 존재가 아니라 불완전한 존재다. 그래서 그 부족한 점까지 포용할 수 있는 사람만 타인들을 좋아할 수 있는 것이다. 그리고 진짜로 사람들을 좋아한다면 타인의 부족한 부분들을 채워주려고 하고 보완해주려는 노력을 하면서 타인의 문제를 풀어낼 수 있는 전문가가 될 수밖에 없다. 그런 사람이 정말로 사람들을 좋아하는 사람인 것이다. 단지 사람들과 가볍게 대화하고 어울리는 것만을 좋아하는 사람이라면 진짜로 사람들을 좋아하는 것이 아니라 타인을 이용해서 자신의 기분을 좋게 하려는 사람에 불과하다.

어린 아이들도 사람이다. 성인보다 더욱 부족한 부분이 많은 존재들이다. 그런데 아이를 좋아한다고 해놓고 아이들을 가혹하게 나무라고 혼내는 부모나 선생님들도 있다. 부족한 부분까지 이해하고 그것을 채우도록 도움을 주지 못한다면 사람을 좋아할 자격이 없는 것이다. 그리고 사람들의 부족한 점을 돕고 또 돕는 삶을 살아가다 보면 사람들은 자신을 진정성 있게 도와주는 이를 당연히 신뢰하고 좋아하게 되니까 더욱 더 사람을 좋아하게 된다.

보험영업을 잘하려면 사람에 대한 깊은 이해와 애정이 필요하다. 사람은 누구나 생로병사의 문제를 안고 살아가는 존재다. 누구나 태어나면 늙어가고 병이 들고 죽음에 다다른다. 아무런 생각 없이 그냥 살아간다면 그것보다 무의미하고 무가치한 것이 없을 것이다. 누구나 죽게 되지만 죽기 전까지 인생의 여러 과정들을 유의미하게 만들려고 하는 노력은 그래서 더욱 아름다울 수 있다. 수많은 인생들이 있지만 더 멋진 인생을 산 사람들은 의미 있고 가치 있는 것에 완전히 몰입하고 살아간 인생이다. 그렇게 완전히 몰입하고 살아가야지만 그 순간을 기억하고 그것으로부터 삶을 더 멋지게 살아갈 수 있는 원동력을 얻으면서 살아가게 된다. 보험은 생로병사 그 자체를 해결할 수는 없지만, 가치 있는 것에 집중하고 몰입하는 멋진 삶을 살아가도록 도와준다.

자신을 신의 경지로
끌어올리는 법

인생을 살면서 자신이 되고 싶은 대로 되고, 살아가고 싶은 대로 살아갈 수 있는 사람들은 얼마나 있을까? 한번쯤 이런 생각을 해본 사람들이 많이 있을 것 같다. 그러면서 인생은 생각대로 되는 것이 아니라는 철학(?)을 읊조리면서 그래서 인생은 어렵고 힘들다고 이야기한다. 이렇게 세상살이가 어려운 것이란 꺾인 생각을 갖고 살아가는 사람들과 친구가 되어 어울리면 정말 인생에서 자기 생각대로 되는 것은 별로 없는, 초라한 삶을 살게 된다.

인생은 둘 중의 하나다. 하고 싶은데 할 수 없거나 할 수 있는데 하지 않거나
- 괴테

위 괴테의 말을 곰곰이 음미해 보면 맞는 말이란 것을 느낄 수 있다. 그런데 이 명언도 시대가 많이 변한 지금 어느 정도 수정을 해야 한다고 생각한다. '하고 싶은데 할 수 없거나'라고 했는데 지금 우리가 사는 시대에는 하고 싶은 것을 웬만하면 다 할 수 있게 되었다. 과거에 있던 신분제도 사라졌고 더 이상 특정 계층만 지식을 독점하는 세상이 아니다. 마음만 먹고 노력한다면 성공을 위한 지식을 얼마든지 갖출 수 있고 그 지식을 누구에게나 활용해 낼 수 있는 세상인 것이다. 그러니 지금 우리 세상은 하고 싶으면 거의 할 수 있는 세상이란 것이다.

우리가 사는 현재 세상은 '할 수 있는데 하지 않는' 사람들이 넘쳐나는 세상이다. 취업도 못하는 게 아니라 할 수 있는데 취업을 하지 않고 쉬는 사람들도 넘쳐나고 있다. 책을 보고 지식을 쌓고 얼마든지 그것을 활용해서 자신의 꿈을 이루고 목표를 달성하는 것이 가능한 시대이지만, 유튜브 보면서 시간 보내기, 여러 종류의 술 마시기, 의미 없는 모임과 만남 갖기 등 수많은 잡스러운 일들에 정신이 팔려서 할 수 있는 것도 시도하지 않는 사람들이 많다는 이야기다.

즉 우리가 사는 이 시대는 하고 싶은 건 거의 다 이루고 해낼 수 있는 세상이기에 목표가 분명한 사람들은 남들보다 더 많은 대단한 성취를 이룰 수 있는 반면, 그런 세상임을 모르고 사는 안타까운 사람들은 할 수 있었는데 하지 않고 살아가는 양극화의 시대라고 생각된다. 자신이 정말로 원하는 것이 있는 사람이라면 이 시대에는 그 목표를 쉽게 이룰 것이지만 자신이 원하는 것을 모르고 사는 존재라면 원하는 것에 집중하지 못했기에 허망한 것에만 정신이 팔려서 살아갈 수밖에 없게 된다.

지금 A4용지 한 장을 꺼내 집중하면서 자신에게 물어보라. 정말 자신이 원하는 것이 무엇인가를 적어보라. 당신의 삶에서 반드시 이뤄내야만 하는 목표를 적어보라. 진정으로 원하는 목표를 적을 수 있었다면 이젠 그것을 이루기 위해서 어떤 노력을 해야 하는지도 적어보라. 그리고 앞으로 그 목표를 이루기 위해 해야 하는 일에만 집중을 하면 된다. 그럼 당신도 원하는 것을 얻게 된다. 괴테의 말을 지금에 맞게 수정하면 다음과 같다.

인생은 둘 중 하나다. 진심으로 하고 싶은 것을 모르기에 할 수 없거나, 할 수 있다는 사실을 모르는 존재이기에 하지 않거나

근자열 원자래

영업은 하루아침에 끝나는 게임이 아니다. 사실 영업은 끝이 없다고 생각하는 것이 옳다. 인생이 영업이기에 인생이 끝날 때까지 영업도 끝날 수 없는 것이다. 남들에게 판매하고 싶을 때마다 바로 판매가 가능한 것이 아니다. 판매가 이루어질 수 있는 인간관계가 먼저 구축이 되어야만 판매를 원하는 시점에 바로 판매가 가능해지는 것이다.

인간관계를 좋게 하는 방법은 사실 너무나 다양하다. 인간관계를 좋게 만드는 방법에 관한 책들도 시중에 너무나 많이 있다. 난 사실 사람들을 좋아하는 사람이지만, 내성적인 성향을 갖고 있다. 그래서 내가 먼저 잘 다가서지 않는다. 그런데 젊은 날 아버지의 빚을 갚아야 했기에 내가 먼저 타인에게 다가가지 않으면 안 되는 상황을 겪게 된 것이다. 남들에게 내가 직접 다가가지 않아도 타인들이 내게로 오게 할 수는 없는 것인가? 이 부분에 대해서 많은 고민을 했었다.

사실 영업인들이 꿈에서라도 간절하게 바라는 부분이 바로 이것이다. 모든 영업인들은 남들이 내게 알아서 연락하고 찾아오게 하는 영업을 꿈꾼다. 그러나 대부분은 꿈만 꾸고 이것이 실제로 되리라고는 믿지 않는다. 그러나 실제로 고객들이 영업인을 스스로 찾아오게 하는 방법은 허황되고 꿈에서나 존재하는 것이 아니라 실제로 최고의 영업인들이라면 쓰고 있는 방법이다.

예전에 공자의 제자 중에 한 제후(초나라 심제량)가 있었다. 하루는 그 제자가 너무나 어두운 표정을 하고 스승 공자에게 질문했다. '스승님 요즘 사람들이 밤마다 성벽을 타고 도주해버려서 세금 확보도 잘 되지 않을 것 같고 나라의 기강이 흔들릴까 봐 너무나 걱정이 많습니다. 뭔가 좋은 방법이 없을까요?' 그 제자의 푸념을 듣고 공자가 말하길

'무릇 가까이 있는 자를 기쁘게 만들 수 있어야 멀리서도 사람들이 찾아오게 되는 것이다.'

이것이 바로 근자열 원자래近者說 遠者來다. 이것은 모든 영업과 사업을 하는 사람들에게 가장 중요한 가르침이다. 나는 강의를 할 때 늘 듣고 있는 사람들에게 최대한 감동을 주며 몰입시킬 수 있도록, 또 최대한 기쁘게 하기 위해서 최선의 노력을 한다. 그렇게 하다 보니 20, 30대에 기숙학원계에서 원장님들이 내 수업을 다른 여러 학원으로 소개해줬고 그렇게 크게 확장해서

수업을 펼쳐나갈 수 있었다. 또한 내 수업에 감동받은 기숙학원 제자들이 자신의 부모님과 형제들에게도 내 이야기를 했기에 그 가족들까지 내게 찾아와 상담을 받았던 것이다. 내 정규 수업을 듣기 위해서 강남 센터로 거제도, 제주도는 물론이거니와 캐나다, 뉴욕, 하와이, 콜롬비아, 몽골, 중국, 일본, 두바이 등등 세계 각지에서 찾아와 주신 분들이 있다. 또한 세계 최고의 골프선수 김세영프로, 세계 랭킹 1위의 양궁선수 강채영 선수를 비롯해 여러 스포츠 스타들도 찾아와서 멘탈 교육을 배웠다. 내가 근자열(가까운 자를 기쁘게) 하지 않았다면 어떻게 나와 일면식도 없었던 원자(멀리 있는 사람)들이 내게 올 수 있었을까?

유명한 자동차 판매왕 조 지라드_{Joe Girard}는 35살까지 낙오한 것과 다름없는 인생을 살았다. 고등학교를 중퇴했고 구두닦이, 건설현장 잡부, 난로 수리, 접시닦이 등 여러 개의 직업을 전전하며 온갖 고생과 실패를 경험했다. 또한 자기 사업에서마저 실패한 뒤로 그는 자동차 세일즈에 도전했고 새로운 인생의 전기를 마련한다. 조 지라드는 15년간 무려 13,001대의 자동차를 파는 대기록을 세웠고, 기네스북에 '세계 최고의 세일즈맨'으로 12년 연속 선정되었으며, 〈포브스〉지에 '세기의 슈퍼 세일즈맨'

으로 선정되었다. 또한 그는 세일즈맨으로는 처음으로 자동차왕 헨리 포드와 나란히 미국 '자동차 명예의 전당'에 올랐고 미국 사람들이 가장 많이 찾는 연사이기도 하다. 제너럴 모터스를 비롯 〈포춘〉 500대 기업의 세일즈 세미나뿐 아니라 정부기관, 종교단체 등을 대상으로 하는 강연에서 최고의 자기계발 강사로 활발하게 활동하고 있다. 그가 강조한 250의 법칙이란 한 사람이 인생에서 긴밀한 연결을 맺고 살아가는 사람의 수를 말한다. 그래서 한 사람에게 자신이 정말로 최고의 서비스를 제공하고 감동을 준다면 그 사람은 250명의 사람들에게 자신을 소개해 준다는 것이다. 근자열 원자래의 법칙을 조 지라드도 정확하게 알고 사용한 것이다.

근자열 원자래는 영원히 통하는 영업 최고의 진리 중 하나일 것이다. 이를 언제나 마음에 각인하고 또 각인해서 영업을 해야 할 것이다. 좀 더 부연하자면 영업이나 사업을 하는 초기에 이 법칙을 더욱 확실하게 제대로 잘 써야 한다. 처음에 사업을 시작하면 손님이 많은가? 당연히 손님이 많을 수 없다. 어쩌다가 한두 명을 가망 고객으로 만나게 되는 것에 불과하다. 이 때 그 한 명의 귀한 가망 고객에게 최선을 다해서 감동을 주고 기쁨을 줘야 한다. 또 어차피 고객이 많지 않기에 시간이 충분히 여유로울 것 아닌가? 그 여유 시간으로 최선을 다해서 지금 만나고 있는 고객에게 감동을 줘야 한다는 것이다. 그렇게 되면 진심으로 감동한 고객이 당신을 주변에 알리게 될 것이다. 그러면서 선순환이 일어나게 된다.

성공하지 못한 영업인은 고객이 없어서 성공하지 못한 것이 절대 아니다. 그도 한 명의 고객이라도 만났었던 적이 있을 것이다. 근데 그렇게 만난 고객에게 충분하게 넘쳐나는 감동을 주지 못했기에 만족하지 못한 고객이 다른 지인들에게 영업인을 알려줄 필요를 못 느껴서 소개하지 않았고, 그래서 성공을 못한 것이다. 지금 당신이 만나러 가는 고객을 반드시 크게 기쁘게 만들어라. 그러면 멀리서도 당신을 찾아오게 된다.

▍가장 강력한 무기, 항상 웃어라

영업을 하는 사람이 반드시 지켜야 할 기본자세가 있다. 그것은 다름 아닌, 항상 웃는 얼굴을 유지하는 것이다. 사람을 찾고, 만나고, 설득하는 영업인의 일은 결국 사람의 마음을 얻는 일이다. 그런데 첫인상에서조차 마음을 열지 못한다면, 그 이후의 어떤 노력도 무의미해질 수 있다. 진심 어린 웃음은 상대의 경계를 허물고, 신뢰의 문을 여는 가장 원초적이고도 강력한 무기다.

옛 송나라에 한 술집 점주가 있었다. 그는 훌륭한 품질의 술을 정성껏 빚어냈고, 분명히 맛도 좋았다. 하지만 이상하게도 술은 팔리지 않았고, 술이 상해가는 것을 보며 점주는 밤잠을 설쳤다. 답답한 마음에 경쟁 가게의 술을 마셔보기도 했지만, 왜 자신의 가게에는 손님이 없는지 도저히 이해되지 않았다.

결국 그는 이름난 현자를 찾아가 왜 자신의 술은 이토록 맛있는데 팔리질 않는지 하소연을 했다. 이에 현자는 한 마디로 답을 주었다. "당신의 술은 훌륭하오. 문제는 그 앞에서 사납게 짖는 개요. 그 개가 무서워, 심부름 온 아이들이 당신의 술집에 들어오지 못하는 겁니다." 이 이야기는 곧 '**구맹주산**狗猛酒酸'이라는 사자성어로 전해진다.

'개 구(狗), 사나울 맹(猛), 술 주(酒), 시어질 산(酸)' 아무리 훌륭한 술이라도, 입구에서 개가 사납게 짖고 있으면 사람은 들어가지 않는다. 아무리 좋은 상품이나 능력이 있어도, 인상 하나로 그 가치를 잃을 수 있다는 교훈이다.

많은 사람들이 아이들을 좋아한다. 그 이유 중 하나는 아이들의 해맑은 웃음 때문이다. 진심에서 나오는 맑은 웃음은 사람의 마음을 무장 해제시키고, 치유하는 힘이 있다. 그 미소를 보는 것만으로도 삶의 피로가 누그러지는 경험, 누구나 해본 적 있을 것이다.

그렇다면 질문해보자. 만약 당신이 그런 미소를 줄 수 있는 사람이 된다면 어떨까? 그 자체만으로도 사람들에게 특별한 에너지를 줄 수 있는 존재가 되는 것이다. 그리고 그 에너지는 영업인에게 있어 무엇보다 소중한 신뢰의 시작점이 된다. 그러나 요즘은 활짝 웃는 사람을 보기가 어렵다. 가식이 아닌, 진짜 웃음을 가진 사람은 드물다. 왜일까? 진짜 웃음은 두려움이 없는 자만이 지을 수 있기 때문이다.

자신의 삶을 주체적으로 살고 있으며, 삶을 대하는 철학과 지식이 있는 사람만이 세상을 당당히 마주하며 웃을 수 있다. 그리고 중요한 역설이 있다. 진짜로 웃기 위해서는 영업을 잘할 수 있어야 하고, 영업을 잘하려면 먼저 진심으로 웃을 수 있는 사람이 되어야 한다.

만약 당신이 활짝 웃고 싶어도 웃음이 잘 나오지 않는다면,

자신의 삶의 태도를 한 번 세밀히 들여다봐야 한다. 예를 들어, 많은 사람들은 수면이 부족하다. 수면 시간이 짧고, 질도 좋지 않다. 그런 상태에서 어떻게 밝게 웃을 수 있겠는가? 몸이 지치고 뇌가 피곤한 상태에서는 미소조차 버겁게 느껴진다. 웃음은 단순한 표정이 아니라, 삶의 상태를 보여주는 거울이다. 건강한 몸, 단정한 마음, 긍정적인 사고, 그리고 확신 있는 말과 행동에서 웃음은 자연스럽게 흘러나온다. 그 웃음은 사람의 마음을 열고, 관계를 만들고, 신뢰를 쌓고, 결국 당신의 인생을 바꾼다.

세일즈의 천재, 피카소처럼 세일즈하라

'예술가는 가난하다' 사람들은 흔히 이렇게 이야기한다. 실제로 자신이 살아가는 생애에 부자가 된 예술가들은 몇 안 된다. 가난하게 살다가 사망한 뒤에 유명해진 예술가들이 압도적으로 많았던 것이다. 죽은 뒤에 유명해졌다는 것은 한편으로는 시대를 앞서간 천재였기에 그런 것일 수도 있다. 하지만 죽기 직전까지 계속 가난하게 살아간 예술가가 있다고 하면 난 개인적으로 그 사람은 진정한 예술가는 아니라고 생각한다.

이 세상은 '고도의 집중과 몰입'으로 돌아가는 세상이다. 예술가라면 이 본질적 법칙을 이해하고 예술 작품을 만들어야 한다. 자신이 만든 작품이 많은 사람들을 고도의 집중과 몰입 상태로 만들지 못한다면 그건 이미 예술 작품이 아님을 알고 있어야 한다는 말이다. 자신이 만든 작품에 본인만 집중이 되고 타인들은 전혀 그렇지 않다면 그것은 예술이라고 하기에는 분명히 결격 사유가 있는 것이다. 진정한 예술가라면 본인뿐만 아니라 남들까지도 집중시킬 수 있는 작품을 만들어내야 한다. 작품을 만든 뒤에 혹시라도 사람들이 그 가치를 이해하지 못한다면 예술가 자신이 직접 그 가치를 이해시키기 위해서 노력을 해야 한다. 대부분의 예술가들은 그리 못했지만 자신의 작품을 남들이 이해하고 간절히 원하게 만들어내는 능력을 보여주고 증명한 진정한 예술가들도 있다. 그중에 가장 돋보이는 존재가 파블로 피카소 $_{1881-1973}$이다.

피카소, 누구나 들어봤을 스페인 태생의 천재 예술가. 그가 아직 유명해지기 전인 젊을 적에 그는 유명 미술관에 전화를 걸어서 "피카소 작품이 전시되어 있나요?"라고 물었다. 미술관 측에서 없다고 답변해도 며칠 뒤 다시 전화를 해서 또 피카소 작품이 있냐고 묻기를 반복했다. 피카소는 여러 미술관에 계속 전화해서 피카소의 작품이 너무나 멋지고 유명한데 왜 여기는 그의 작품을 전시하지 않냐고 물은 것이다. 결국 미술관에서는 피카소의 작품이 대단해서 찾는 사람들이 너무 많은 줄 알고 피카소의 그림들을 전시하고 판매하기 시작한 것이다. 피카소는 그림만 잘 그리는 천재가 아니었다. 세일즈에서도 천재였던 것이다. 자신의 작품에 대한 가치를 스스로 인정하고 확신을 갖고 있었기에 이런 행동들이 자연스럽게 나올 수 있었을 것이다.

또 한 번은 어떤 귀부인이 자신의 초상화를 그려달라면서 피카소를 찾아왔다. 피카소는 30분 정도의 시간이 흐른 뒤 초상화를 완성하고 귀부인에게 주었고 귀부인은 너무나 흡족해 하면서 사례금을 물었는데, 그때 피카소는 엄청난 거금을 요구했다. 엄청난 금액에 놀란 귀부인이 "그림을 그리는 데 겨우 30분 정도 걸렸는데 너무 비싼 것 아닌가요?"라고 항의하자 피카소는 담담하게 답변했다. "그림을 그리는 데는 30분 정도밖에 안 걸렸는지 모르지만 이런 그림을 그릴 수 있는 실력을 쌓는 데 무려 30년이 걸렸습니다. 30년 동안 들어간 비용과 노력을 생각해 보셨나요?" 이렇게 자신의 가치를 스스로 제대로 알고 살아가는 피카소였기에 세상으로부터 제대로 대우받으면서 부자 예술가로 살아간 것이다.

자신의 가치를 터무니없이 부풀리고 과장하라는 이야기가 아니다. 실력도 없고 증명도 못 한 사람이 실력을 부풀려서 포장하면 그것이야말로 사기이고 진짜를 알아보는 사람들에겐 절대로 통하지 않는다. 그리고 입지가 줄어들다가 이내 사라지게 될 것이다. 스스로에게 감동할 정도로 혼신의 힘을 다해서 노력하고 끝없이 자신을 연마한 사람만이 피카소와 같은 자부심과 긍지로 정신적 무장을 할 수 있고 그 상태에서 세일즈를 하게 되면 엄청난 부자도 될 수 있다는 것을 말하고 싶다.

▎후회를 최소화하라

영업에 뛰어드는 것이 두렵다면, 아마존을 만들어낸 제프 베조스가 창업했을 때 그의 마음속으로 들어가보자. 1994년 그는 38살의 젊은 나이에 월스트리트의 헤지펀드 회사인 다이쇼 D.E.Shaw의 최연소 부사장이 되어서 열정적으로 일하고 있었다. 그는 어느 날 결심한 듯 상사에게 가서 말했다. '제가 미친 짓을 할까 합니다. 인터넷으로 책을 파는 회사를 창업하려고요.' 그는 이미 여러 차례 비슷한 이야기를 했었지만, 구체적으로 말한 것은 처음이었다. 상사는 베조스에게 잠시 같이 걷자고 제안했다. 두 시간 동안 둘은 센트럴파크를 걸었다. 상사가 말했다. '자네의 아이디어는 매우 훌륭하지만, 그 아이디어를 지금 자네 상황에서 하는 것은 맞지 않아. 그 아이디어를 자네처럼 좋은 직장이 없는 사람이 갖고 있다면 더 좋지 않을까 하는 생각이 드네.' 이렇게 말하면서 베조스에게 최종 결정을 하기 전에 48시간 동안 심사숙고해 보라는 조언을 했다. 베조스는 아내에게도 자신의 생각을 이야기했다. 같은 계획을 들은 아내는 이렇게 말했다. '내가 당신을 100% 믿고 있다는 거 잘 알죠? 당신이 무엇을 하든 당신을 믿어요.'

결국 최종 결정은 베조스 본인의 몫이었다. 이때 그의 판단 기준이 된 것이, 그 유명한 '후회 최소화 프레임워크regret minimization framework'다. 그는 자신이 여든 살이 되었을 때를 가정해 보기로 했다. 그리고 지금이 그때 시점이라면 지나간 인생을 되돌아보면서 후회할 일을 가장 줄이는 방법을 생각해보는 것이다.

그는 자신이 여든 살이 되더라도 창업한 일을 후회하지는 않을 것이라 생각했다. 앞으로 엄청난 기회가 될 수 있는 인터넷 신천지에 참여한 것 또한 후회하지 않을 것이다. 행여 뛰어들어서 실패하게 될지라도 후회하지 않을 것이다. 그러나 그는 단 한 가지는 꼭 후회하게 될 것이 틀림없다고 생각했다. 그것은 아무것도 시도하지 않은 것에 대한 후회일 것이라 생각했다. 시도하지 않은 자신을 평생토록 매일매일 원망할 것이라고 생각했다. 이렇게 생각하니 결정이 매우 쉬워졌다. 제프 베조스는 당시를 회상하며 이렇게 말한다.

"만약 당신이 여든 살이 되었다고 가정하고 '그때 나는 어떻게 느끼고 생각할 것인가'라고 생각해보라. 그러면 당신은 일상적인 판단의 혼란으로부터 벗어날 수 있다."

결국 베조스는 월스트리트의 좋은 직장을 버리고 창업을 했다. 곧바로 받을 수 있었던 두둑한 연말 보너스를 스스로 걷어찼다. 그런 것은 분명 단기적으로는 사람의 판단을 어렵게 하는 것임에 틀림없다. 하지만 그는 아주 긴 시간을 생각하고 전체를 보려고 하면서 나중에 후회를 남기지 않을 결정을 할 수 있었다. 사실 이런 생각을 하는 것이 굉장한 성공을 거둔 베조스만이 아니다. 모든 사람들이 삶의 마지막 순간에 가장 후회하는 것은 하지 않았던 일에 관한 것이다. 자신이 해왔던 일 때문에 마지막 순간에 괴로워하는 것이 아니라 자신이 죽을 때까지 시도하지 않았던 것을 떠올리며 깊은 후회를 한다. 당신이 그것을 몰랐다고 하면 이제 제대로 알게 된 것이니 바로 영업을 시작하면 된다. 만약 이런 사실을 이미 알고 있었다면 더 이상 미루지 말고 실천하면 될 것이다.

운명을 바꾸고 싶다면 절제하라

난 오랫동안 비슷한 체형을 유지하며 살고 있다. 77년생인 나는 항상 71~72kg 정도 체중을 유지 중이다. 그리고 코로나 때 만든 복근을 아직도 유지하고 있다. 엄격한 식단 관리를 하고 있지는 않다. 다만 평생토록 술과 담배를 전혀 하지 않았고 운동도 40대 중반부터는 바쁜 일정에도 꾸준하게 하루 50분 미만의 운동을 매일 하고 있다.

20대 후반부터 30대 내내 주말 없이 강의를 하루 종일 하면서 살았고 잠도 몇 시간 자지 않고 혹사하긴 했다. 그럼에도 불구하고 건강체를 유지하며 살고 있다. 주변 사람들이 항시 변함이 없는 내 모습을 보고 비결이 뭐냐고 묻는 경우가 많다. 사실 특별한 비결이 있지는 않고 그냥 법칙대로 살아가는 것뿐이다. 일단 체형의 변화가 거의 없는 것보다 내가 강조하고 싶은 부분이 있다면 **마음의 변화**도 거의 없다는 것이다. 제대로 된 마음가짐을 변화 없이 안정적으로 유지할 수 있는 사람들은 체형 관리 정도는 그냥 저절로 되는 것처럼 자연스럽게 해낼 수 있다.

한 가지 팁을 공개하자면 자신이 원하는 것을 최대치로 욕망하는 마음가짐을 만들어야 한다. 보통의 사람들은 자신이 원하는 것을 최대치로 간절하게 원하고 있지 않다. 그렇기에 자신이 진짜로 바라는 것이 아닌 것에 에너지를 낭비하면서 살아가고 있다.

자 우리 앞에 사람들이 좋아하는 음식이 한가득 차려져 있다고 치자. 치킨, 피자, 탄산음료, 과자, 빵, 탕수육, 짜장면 등이 푸짐하게 있다고 가정해보자. 당신은 그 앞에서 이런 음식을 먹지 않고 버틸 자신이 있는가? 과연 세상 사람들의 몇 퍼센트가 이 유혹을 이겨내고 절제할 수 있을까? 아예 없다고 생각한다. 만약 절제할 수 있는 사람이 있다면 그 사람은 절제를 한 것이 아니다. 자신이 정말 중요하다고 생각하는 그 가치에 더욱더 집중할 수 있는 정신력을 키워낸 사람인 것이다.

많은 사람들이 잘 살기 위해서 절제력을 키워야 한다고 말하지만 실제로는 이 중요한 절제력이 어디에서 비롯되어지고 만들어지는지를 잘 모르는 것 같다. 절제력에 관한 책 중에 사람들에게 꽤 읽힌 책이 한 권 있어 소개해 본다. 바로 미즈노 남보쿠 승려의 『절제의 심리학』이다.

1757년에 태어나 75세까지 장수한 미즈노 남보쿠는 일본의 대표적인 관상학자이자 선수행자였다. 그는 조실부모한 뒤 친척 집에서 자랐고, 어린 시절부터 술을 마시고 행패를 부리는 문제아였다. 결국 감옥까지 가게 되었고, 그곳에서 그는 사람들의 얼굴과 모습을 관찰하는 습관을 갖게 된다. 매일같이 범죄자들의 얼굴을 보며 의문이 생겼다. 왜 저렇게 생긴 사람들이 감옥에 오는 것일까. 그 호기심은 감옥을 나온 뒤 곧바로 한 관상가를 찾아가게 만들었다. 관상가는 그에게 뜻밖의 말을 한다. '당신은 1년 안에 칼에 맞아 죽을 상입니다. 속히 절로 가서 출가하시오.' 남보쿠는 즉시 절을 찾았으나, 스님은 그를 받아주지 않았다. '중이 되는 것은 아무나 할 수 있는 일이 아닙니다. 1년 동안 보리와 흰콩으로만 식사할 수 있다면 받아주겠습니다.' 그날 이후 그는 술을 끊고 절제된 식사와 함께 바닷가 노동일을 하며 묵묵히 1년을 버텼다. 그리고 1년 뒤, 다시 절로 향하던 길에 문득 관상가가 생각나 그를 찾아갔다. 관상가는 남보쿠를 보자마자 놀라움을 감추지 못했다. '당신의 관상이 완전히 바뀌었습니다. 혹시 누군가의 목숨을 구했습니까? 아니면 큰 덕을 쌓았습니까?' 남보쿠는 대답했다. '스님의 말대로 보리와 흰콩만 먹으며 1년을 살았습니다.' 관상가는 고개를 끄덕이며 말했다. '절제된 식사가 당신의 목숨을 살렸군요.' 그렇게 남보쿠는 출가 대신 관상가의 길을 선택했고, 훗날 일본 전역에 이름을 알린 명인이 되었다.

남보쿠는 말년에 '개운의 비법'과 '운명을 이기는 법'을 사람들에게 전하며 절제의 중요성을 강조했다. 그는 인간이 태어날 때 하늘로부터 두 가지를 받는다고 했다. 하나는 수명$_命$, 또 하나는 식$_食$이다. 수명은 그 사람이 살아갈 시간이고, 식은 그가 일생 동안 먹을 수 있는 총량이다. 명이 다했더라도 식이 남아 있으면 쉽게 죽지 않고, 반대로 명이 남아 있어도 식이 다하면 생을 마치게 된다는 것이 그의 통찰이었다. 그는 폭식과 과식이 천록$_{天祿}$을 깎아 먹는다고 경고했다. 천록은 하늘에서 내려준 음식이자 재물인데, 이를 함부로 낭비하면 몸과 마음이 흐트러지고 삶 전체가 흐려진다고 보았다. 식사량은 일정해야 하며, 마음에 번민이 클수록 식욕이 무너지기 쉽다고도 했다. 그에 따르면 음식은 금은보화보다 귀한 것이며, 이를 절제하는 습관은 인간의 운명을 바꾸는 열쇠가 된다.

절제는 남보쿠의 철학에서 핵심 가치였다. 그런데 현대 심리학에서도 절제는 단순한 인내로 얻어지는 것이 아님이 밝혀졌다. 사람은 의식보다 무의식이 훨씬 큰 비중을 차지하며, 무의식은 상상을 통해 작동한다. 예를 들어, 밤에 치킨을 먹지 않겠다고 스스로 다짐할수록 오히려 치킨의 이미지는 무의식에서 더욱 선명하게 떠오르고, 결국 절제는 실패로 끝나기 쉽다. 절제를 목표로 삼는 순간, 그 대상은 오히려 더 가까워진다.

따라서 진정한 절제는 단순히 '하지 않겠다'는 결심이 아니라, 삶에서 진심으로 원하는 가치 있는 목표를 명확히 인식하고 그에 집중하는 것이다. 자신의 삶에서 무엇이 중요한지를 분명히 알고, 그것을 절실하게 욕망하는 사람은 자연스럽게 불필요한 욕망에서 벗어난다. 절제가 필요한 이유를 억지로 설득할 필요 없이, 더 큰 열망이 작은 욕망을 잠재우는 방식이다. 정신 또한 마찬가지다. 바라는 삶이 분명하고, 그에 몰입한 사람은 마음이 산만하게 흩어지지 않는다. 그런 사람은 에너지를 잃지 않고 보존하며, 결국 그 에너지가 인생을 차별화시킨다.

절제력은 삶을 정돈시키는 힘이자, 운명을 바꾸는 무기다. 그러나 절제를 위해 절제를 강요하면 반드시 실패한다. 가장 강력한 절제는 '무엇을 하지 않을 것인가'가 아니라 **'무엇을 더 강력하게 바라고, 집중할 것인가'**에서 비롯된다. 절제는 억제가 아니라 방향 설정이며, 삶을 선택하는 능력이다. 남보쿠가 말한 것처럼 식사는 생명을 구성하는 하늘의 선물이고, 절제는 그것을 지키는 인간의 선택이다. 이것이 절제를 대하는 진짜 자세이며, 운명을 바꾸는 가장 현실적인 기술이다.

▎감동을 주는 존재로 진화하라

최고의 경지에 오른 사람에게서 우리는 종종 말로 설명할 수 없는 감동을 느낀다. 그것은 단순한 기술의 완성도 때문만은 아니다. 그 안에 녹아 있는 고통, 집중, 몰입, 절절한 삶의 진심이 우리 마음 깊숙한 곳을 건드리기 때문이다.

세계적인 발레리나 강수진. 그녀의 발을 처음 보았을 때 눈물이 났다. 흉측하다고까지 표현될 수 있는, 굳은살과 변형으로 가득한 발이었지만, 그 발은 동시에 숭고하고 신성하게 느껴졌다. 하루 17시간씩 피나는 훈련을 거듭하며, 인간의 한계를 넘어선 몸이 만들어낸 흔적이었다. 발레 공연이라는 예술적 맥락

없이, 단지 그녀라는 존재 자체를 보고 싶어 공연장을 찾았고, 무대 위 그녀의 도약과 몸짓 하나하나에 '신의 경지'라는 표현이 과하지 않다는 걸 느꼈다. 그 순간, 내 발을 떠올렸다. 2004년부터 매일 10시간 넘는 강의를 구두를 신고 해오면서, 발가락 사이가 벗겨지고 진물이 날 때도 있었다. 정장 차림, 구두, 무대 위에서 혼신을 다하던 시간들이 내 발에도 깊은 흔적을 남겼다. 단순한 육체적 상처가 아니라, '내가 감내해온 삶'의 흔적이었다. 그래서일까, 강수진 님의 발을 보는 그 순간, 그 고통과 노력이 내 마음을 정면으로 건드렸다. 눈물이 흐른 이유는 단지 그녀가 대단해서가 아니라, 내 안의 무언가가 그녀와 조용히 공명했기 때문이다. 나는 언제나 최고의 기량을 갖춘 사람들, 인간의 한계를 밀어붙이며 신의 영역에 도달한 이들에게 감동을 느껴왔다. 그리고 그 감동은 곧 나의 원동력이 된다.

2024년 프랑스 올림픽 개막식에서 셀린 디온이 에펠탑 위에서 부른 '사랑의 찬사' 또한 그런 순간이었다. 온몸이 굳어지는 희귀병으로 무대에 설 수 없다는 뉴스를 들은 지 얼마 되지 않았기에, 그녀가 다시 노래하는 모습을 본 것만으로도 울컥했고, 열창하는 그 장면은 말로 설명할 수 없는 전율을 안겼다. 그녀는 자신의 삶을 예술로 승화시켜 수많은 사람들에게 감동을 선사했다. 병마조차 꺾지 못한 정신력과 노래 하나에 쏟아 붓는 혼신의 힘이 바로 '신의 경지'였다.

왜 최고가 되어야 하는가?

단지 남을 이기기 위해서라거나 명예와 돈을 위해서가 아니다. 최고가 되면 타인을 감동시킬 수 있기 때문이다. 그리고 그 감동은 단순한 감정이 아니라, 삶을 움직이는 동기가 된다.

당신도 그런 존재가 될 수 있다. 자신에게 감동을 줄 수 있는 삶을 살아야 한다. 온 힘을 다해 정진하다 보면, 어느 순간 당신의 눈빛과 말과 행동, 그리고 팔고자 하는 그 무엇조차 사람들의 마음을 움직이게 될 것이다. '신의 경지'는 타고나는 것이 아니다. 그것은 선택하고, 감내하고, 몰입하며 끝까지 나아간 자에게만 주어지는 선물이다.

타인에게 감동을 준다는 것은
무의식화된 것을 의미한다

'순간을 영원으로'

난 이 표현을 매우 좋아한다. 의식하지 않으면 한 순간이 흘러간지도 모르고 흘러가버린다. 그러나 어떤 노력을 하느냐에 따라서 우리는 순간을 영원으로 기억되도록 만들 수도 있다. 영업의 장면에서도 감동이 없는 접근과 설명을 하는 영업인에게는 계약이 일어날 수 없다. 그 영업인은 얻어낸 기회를 그저 그런 순간으로 흘러가게 했다. 영업의 고수들은 기회를 얻는 순간을 잊을 수 없는 순간으로 만들어 낼 수 있기에 계약이 체결되는 것이다. 그럼 영업에서 순간을 이내 잊히는 것이 아닌, 오래오래 강렬하게 남는 기억으로 만들기 위해서는 어떻게 해야 할까?

물론 순간을 영원으로 만들기 위해서 영업인들마다 자신에게 더욱 적절하고 어울리는 방법이 있을 것이라 본다. 내가 말하고 싶은 것은 어떤 방식으로 하든 누구나 사용하고 명심해야 할 본질적인 부분에 관해서다.

바쁘게 살고 있긴 해도 가끔 아내와 클래식 공연 등을 보러 갈 때가 있다. 얼마 전에는 피아노 솔로 공연을 보고 왔다. 1시간 30분 동안 피아니스트가 베토벤의 피아노곡을 연주했다. 10분 정도의 인터미션을 제외한 긴 시간 동안 악보 없이 연주에 심취한 그 모습에 많은 감동을 느꼈다. '얼마나 많은 연습을 했기에 저렇게 자연스럽게 연주를 할 수 있는 것일까?' 만약 같은 연주라도 피아니스트가 악보를 보면서 했더라면 감동이 크지 않았을 것 같다.

사람들이 타인에게 감동받는 순간을 보면 사실 의식적으로 노력하는 모습을 통해서가 아니란 것을 알 수 있다. 타인에게 감동받는 순간은 모두 그 사람이 완전히 몰입한 채로 그의 무의식에 완전히 습득되고 소화되어 있는 경지에서 비롯되는 퍼포먼스를 보았을 때다. 이런 경지를 **혼연일체**라고 표현한다. 예술가, 연기자, 심지어 학자들까지도 그 누가 되었든지 자신의 분야에서 완벽하게 자신의 것으로 만들어내야지만 다른 사람들에게 영향을 줄 수 있다. 이것은 완전하게 무의식화될 정도로 반복적으로 노력해야만 얻어낼 수 있다.

영업으로 감동을 주는 것도 마찬가지다. 설명을 할 때 잠시의 머뭇거림이 있지 않고 자연스럽게 이야기를 술술 이어 나갈 수 있어야 한다. 설명이 막힘없이 이어지고, 표정과 어조, 몸짓까지 자연스럽게 조화를 이루며 나올 때 사람들은 비로소 감동한다. 결국 영업도, 예술도, 학문도 감동을 주는 본질은 같으며 진심이 무의식의 영역까지 스며들 정도로 반복해 온 사람만이 타인의 마음을 움직일 수 있다.

Being still and doing nothing are very too different things.

준비된 상태를 유지하는 것과 아무것도 하지 않는 것은 매우 다른 것이다.

최적의 정신, 컨디션(평정심)을 만들어낼 수 있는 사람은 고수가 된다. 최적의 컨디션을 유지할 수 있는 그 평정심을 갖추는 길은 가장 중요한 것을 확실히 마음에 각인하고 그것을 언제나 상기하고 살아가는 길밖에 없다. 고수는 아무 것도 하지 않는 것처럼 보일 때조차도 항상 명심해야 할 것이 무엇인지를 분명하게 알고 있다. 어떤 일을 최적의 컨디션으로 제대로 행하기 위해서 반드시 명심하고 지켜야 하는 것을 매 순간 정신력으로

움켜쥐고 살아가는 것이다. 내 전작 『어웨이크』에서도 소개했 듯이 최적 컨디션을 발휘할 수밖에 없는 루틴을 만들어 내고 계속 지켜야 한다. 루틴은 단순히 매일 반복하는 동작이나 습관을 의미하는 것이 아니고 어떤 일을 최고로 수행하기 위해서 내가 반드시 지켜야만 하는 법칙이나 규칙을 말하는 것이다.

난 이런 최적의 루틴을 세계적인 골프선수인 김세영프로와 최고의 양궁선수인 강채영 선수에게 지도했고 그들은 내 지식을 실전에서 잘 사용해서 세계 대회에서 우승을 했다. 하수는 준비가 되어 있지 않은 상태에서 일을 하기에 결과가 좋을 리가 없지만 고수는 언제나 최적의 컨디션을 낼 수 있도록 그가 반드시 생각해야만 하는 것을 계속 상기하고 있는 것이다.

김세영프로와 강채영 선수를 가르친 지식과 무의식을 컨트롤하는 모든 법칙을 지면으로 자세하게 설명하긴 어렵지만 그래도 영업인으로서 항상 생각을 해야만 하고 명심하고 되뇌야만 하는 것을 알려주겠다.

세상의 모든 분야를 막론하고 그 분야를 잘한다는 것은 해당 분야의 일을 잘 수행하는 데 필요한 것을 상기하고 계속 되뇌면서 흐름을 놓치지 않는 정신을 유지하고 있는 것이다.

영업을 잘하고 싶다면 다음 5개 문장을 항상 마음속으로 자주 되뇌는 것이 좋다. 매 시간마다 하는 것을 추천한다. 고객을 만나러 갈 때도 되뇌고 새로운 고객 발굴을 위해서 개척을 해야 할 때도 되뇌면 된다.

5개의 문장을 되뇌라.

1. 모든 것이 영업이다.
2. 사람은 부족하고 문제가 있다.
3. 난 고객 이상의 존재다.
4. 마음만 열면 끝난다.
5. 난 영업의 신이다.

첫째, '모든 것이 영업이다' 이것은 세상이 돌아가는 주요 법칙 중 하나다. 누누이 강조하지만 구매 의사가 없었던 사람들에게까지 판매 성공시켜내는 것이 영업이다. 사업을 잘하려면 반드시 영업을 잘해야 하고 멋진 배우자와 결혼에 성공하려면 당신과 결혼까지 생각하진 않았던 상대에게 영업을 잘하면 된다. 사람의 모든 활동이 결국 영업이란 생각을 갖추고 항상 영업마인드를 장착하고 그 흐름을 인정하고 느끼면서 정신을 차리고 있어야 한다.

둘째, '사람은 부족하고 문제가 있다' 고객을 만나고 새로운 고객을 발굴하려고 개척 활동을 할 때 그들의 사회적인 위치나 경제적인 배경이 엄청나게 대단해 보일지라도 당신이 만나는 모든 사람들은 그저 수많은 문제를 갖고 있는 사람이란 사실을 알아야 한다. 그렇게 단단하게 정신 차린 상태로 만나야 한다. 생로병사를 피할 수 없는 모든 사람들은 삶의 시작과 끝까지 수많은 문제에 놓일 수밖에 없다. 그러니 당신이 만나게 되는 고객들은 모두 문제가 많은 사람일 뿐이니 그 문제를 해결해내도록 당신이 도와주면 된다.

셋째, '난 고객 이상의 존재다' 고객은 사람이고 문제가 많을 수밖에 없다. 대단하다고 인정받는 사람을 만날 때는 기가 꺾일 수 있고 그 아우라에 압도당할 수도 있다. 대단한 사람들을 만나게 될 때도 더욱 신경 써야 하는 것은 그 사람들보다 더 확실하게 도움을 줄 수 있도록 노력한 내 전문 지식에 대한 확신감이다. 그런 확신감으로 전문 지식에 상대가 관심을 갖도록 만들라. 최소한 그 순간만큼은 당신이 고객 이상의 존재로 자리매김하면 되는 것이다.

넷째, '마음만 열면 끝난다' 구매 의사가 별로 없었던 사람들에게까지도 판매 성공해내는 진정한 영업을 할 수 있으려면 어떤 누구도 거부할 수 없는 확실한 법칙과 본질적 진리 등을 이야기해야 한다. 그러면 비판 의식과 거부감을 낮출 수 있고 자연스럽게 상대의 마음을 열 수 있다. 마음을 열 수 있는 법칙들에 대해서 알고 싶다면 내 책들과 쎈멘탈 실강을 녹화한 온라인 수업(edu.parksenny.com)을 공부하면 된다. 상대의 마음을 여는 법을 먼저 터득한 사람에게 영업은 너무 쉽고 가장 즐거운 활동 그 자체가 된다.

다섯째, '난 영업의 신이다' 어떤 사람들은 자신이 신이라고 말하는 것에 불경함이나 죄책감을 느낄 수도 있을 것이다. 하지만 잘 생각해보면 사람들은 다른 사람을 보면서 신을 느끼게 된다. 한 분야에서 목숨을 걸고 오직 그것만을 해서 남들이 흉내 내거나 따라올 수 없는 경지에 도달한 사람들을 보면 그 분야의 신이라고 표현도 하고 엄청난 경외감을 느끼게 되지 않는가. 어느 분야든 사실 그것만을 계속해서 끊임없이 하는 사람들은 신의 경지에 오르게 되는 것이라 믿는다. 그래서 당신도 진심으로 영업을 하는 사람이라면 이왕 하는 거 신의 경지에 도달할 각오를 하라. 그런 자세로 노력하면서 고객들을 만난다면 그 고객들 중에서 당신에게 최소한 그 분야의 신이란 표현으로 이야기할 고객도 있을 것이다. 그리고 그런 말을 들었다면 그 말에 걸맞게 계속해서 노력하면 된다.

긍정 노트

_____ 년 ____ 월 ____ 일

긍정일기 Positive Journal 는 멘탈 회복과 자존감 회복에 큰 도움이 된다. 작은 일이어도 좋으니 오늘 하루를 되돌아보며 작성해 보도록 하자.

1. 오늘 하루 중, 나를 웃게 만든 일은?

① ---
② ---
③ ---

2. 오늘 내가 잘한 일 3가지

① ---
② ---
③ ---

3. 나에게 해주고 싶은 긍정 확언

① 나는 할 수 있다, 나는 충분히 잘 하고 있다.
② 오늘도 나의 성장에 한 걸음 다가섰다.
③ 나는 넘어져도 다시 일어설 수 있는 사람이다.
④ 직접 작성: ---

정상을 지배한 힘, 결국 멘탈
EPISODE 3.

《치유하는 리더: 오프라 윈프리의 멘탈 혁명》

"당신이 바꾸지 않는 감정은 결국 당신을 지배하게 된다."
- 오프라 윈프리

미시시피 시골 농장의 극빈층 가정에서 태어나 어린 시절 성폭행과 학대를 당한 오프라 윈프리는 19세에 TV 뉴스 앵커로 데뷔했을 때부터 자신의 감정적 상처와 정면으로 맞서기 시작했다. 그녀는 성공 이후에도 지속적으로 정신 건강 전문가들과 함께 일하며, 자신의 트라우마를 치유하는 동시에 이를 다른 사람들에게 도움이 되는 방향으로 전환시켜왔다. 특히 그녀는 치료를 받는 것이 약함의 표시가 아니라 강함의 표시라고 공개적으로 말하며, 정신 건강에 대한 사회적 인식 개선에 앞장서왔다.

오프라의 멘탈 관리에서 가장 중요한 요소는 매일 실천하는 명상이다. 그녀는 20년 넘게 매일 아침 20분간 초월명상을 실천해왔으며, 이를 통해 내적 평화와 집중력을 유지하고 있다. 초월명상은 그녀에게 단순한 휴식이 아니라 자신의 진정한 목적과 연결되는 시간이며, 하루를 시작하기 전 마음의 중심을 잡는 핵심적인 루틴이다. 그녀는 명상을 통해 외부의 소음과 압박에서 벗어나 자신의 내면의 목소리에 귀 기울이는 능력을 기르고 있다.

또한 오프라는 감사 일기를 통한 멘탈 관리법을 실천하고 있다. 그녀는 매일 밤 하루 중 감사한 일들을 기록하는 습관을 수십 년간 유지해왔으며, 이를 통해 부정적인 생각의 패턴을 긍정적으로 전환시키고 있다. 이러한 감사 연습은 그녀가 어려운 상황에서도 희망과 관점을 유지할 수 있게 하는 핵심적인 도구가 되었다. 특히 그녀는 가장 힘든 시기에도 감사할 것을 찾아내는 능력이 자신을 구원했다고 말한다.

오프라의 멘탈 관리 철학에서 빼놓을 수 없는 것은 자기 성찰과 지속적인 학습이다. 그녀는 정기적으로 심리 치료사와 상담하며 자신의 감정 패턴을 점검하고, 끊임없이 자기계발서를 읽고 영적 지도자들과 교류하며 내적 성장을 추구한다. 이러한 노력은 그녀가 개인적 성공을 넘어 수많은 사람들에게 영감을 주는 리더가 될 수 있었던 원동력이었다. 그녀는 자신의 상처를 숨기지 않고 공개적으로 나누며, 이를 통해 다른 사람들도 자신의 문제를 인정하고 도움을 구할 수 있는 용기를 갖게 했다.

가장 인상적인 것은 오프라가 자신의 멘탈 관리 경험을 사회 전체의 정신 건강 증진을 위해 활용하고 있다는 점이다. 그녀는 토크쇼를 통해 정신 건강 전문가들을 초청하여 대중에게 올바른 정보를 제공했고, 자신의 미디어 플랫폼을 통해 명상, 요가, 심리 치료 등 다양한 멘탈 관리 방법을 소개해왔다. 또한 그녀는 정신 건강 관련 비영리 단체들을 지원하며 사회적 약자들이 정신 건강 서비스에 접근할 수 있도록 돕고 있다. 오프라 윈프리의 사례는 개인의 멘탈 관리가 단순히 개인적 차원에 머물지 않고, 사회 전체에 긍정적 영향을 미칠 수 있음을 보여주는 대표적인 사례다.

4부 **FUTURE**

멘탈은
침묵 속에서
강해진다

대도무문(大道無門):
누가 뭐라든 내 갈 길을 간다

▌세이노의 비판, 왜 나를 자극했는가

솔직히 말하자면, 세이노 님의 글 속에서 내 이름이 언급되며 비판받았다는 사실을 처음 접했을 때, 적잖이 당황했다. '내가 뭘 그렇게 잘못했나?' 하는 마음이 들었고, 동시에 억울하다는 감정도 스쳤다. 하지만 시간이 조금 지나자, 그 감정 너머에 있는 진짜 질문이 떠올랐다.

'왜 나는 이 말에 이렇게까지 반응하고 있는가?'

그 물음이, 오히려 나를 멈춰 세우고 더 깊이 돌아보게 했다. 그렇다. 나는 지금까지 멘탈을 이야기해 왔고, 멘탈로 살아남았다고 말해왔다. 그런 나에게 세이노 님의 한 마디는 멘탈이 진짜 실전에서 증명되는 것인지를 시험하는 기회였는지도 모른다는 생각이 들었다. 누구나 말로는 자신을 포장할 수 있다. 하지만 멘탈은 '버티는 힘'이 아니라, **자극 속에서 나를 정직하게 마주하는 힘**이다. 그때 나는 확실히 알게 되었다. 나는 아직 완전히 다듬어진 사람이 아니고, 누군가의 인정에 여전히 민감하며 내가 쌓아온 진심이 왜곡되는 것에 아파하는 사람이라는 것을.

그리고 그런 나의 반응조차, 멘탈의 훈련이라고 생각했다. 그 이후로 나는 더 묵묵히 내 일을 했다. 말 대신 성과로, 실천으로, 내 진심을 증명하기로 다짐했다. 지난 20년간 하루도 쉬지 않고 강의를 해왔고, 3만 명이 넘는 수강생을 만나왔다. 심리학과 무의식, 최면, 동기부여, 마케팅, 영업, 그리고 삶의 본질에 대해 누구보다 치열하게 공부했고, 교육 현장에서 살아 숨쉬는 언어로 전달하기 위해 노력했다. 그리고 지금도 여전히 그 길을 걷는 중이다.

사실 나는 세이노 님의 책에서 많은 것을 배웠다. 『세이노의 가르침』은 내 강의 안에도 일부 인용되었고, 수강생들에게도 꼭 읽어야 하는 필독서라고 늘 추천해 왔다. 그분이 책에서 전하는 본질에 나도 깊이 공감했기 때문이다. 단지 나는 세이노 님이 세상에 드러나는 것을 원하지 않으신다는 걸 알고 있었기에 공식적으로 언급하거나 이름을 빌리지 않았을 뿐이었다. 그것이 오해로 이어졌다면, 그저 내 진심이 아직 전달되지 않았던 것으로 생각한다.

그 비판은 나를 무너뜨린 게 아니라, 오히려 더 단단하게 만들었다. 그리고 더 조심스럽고, 더 치열하게 살아야겠다는 다짐을 주었다. 그래서 나는 지금도, 그 비판에 오히려 감사하고 있다. 만약 세이노 님이 내 강의를 직접 들어볼 기회가 있으시다면, 혹은 이 글을 보게 된다면 그 비판이 오해였다는 것을, 그리고 내가 단순한 '이름을 알리려는 사람'이 아니라 진심으로 사람을 변화시키고자 하는 교육자라는 것을 알아봐 주실 거라고 믿고 있다.

나는 앞으로도 변하지 않을 것이다.
멘탈로 살아왔고, 멘탈로 증명할 것이다.

누가 뭐라든 내 갈 길을 간다

한 가지 법이 만 가지의 상으로 펼쳐지고 만 가지 법이 있는 것이지만 결국 그것은 하나의 본질로 귀결이 된다. 이런 본질은 어느 장소에서든 존재하고 있으니 큰 도에 이르는 길은 특정하게 정해진 문이 없는 것이고 필요하지도 않다.

여기서 일법에 해당하는 가장 근본적인 본질을 난 고도의 집중과 몰입이라고 말하고 싶다. 고도의 집중과 몰입을 기반으로 해서 모든 사물과 현상이 생겨나게 된다. 세상에 수많은 규칙이 존재하지만 그 규칙들의 가장 밑바닥으로 가면 고도의 집중과 몰입이 있게 되고 이 고도의 집중과 몰입은 모든 곳에 존재하고 있다. 그래서 이미 이 사실을 깨달았다면 어떤 정해진 문으로 가지 않아도 도를 얻을 수 있다.

지금 내가 한 말을 이해할 수 있다면 진정한 영업활동이 가능할 것이다. 구매 의사가 없었던 사람들에게까지 판매하는 진정한 영업이 가능하려면 언제나 마음이 평온해야 한다. 누구를 만나든 어디로 가든 평온할 수 있어야 한다. 그 이유는 가장 본질에 해당하는 고도의 집중과 몰입을 믿고 있어야 가능해지기 때문이다. 어떤 사람이든지 반드시 고도의 집중과 몰입 상태가 될 수밖에 없고 나 자신은 본질을 이용해서 그런 상태를 만들어 낼 수 있는 사람이란 것만 기억하고 평온하게 사람들을 만나야 한다. 그렇게 되면 수준 높은 영업이 가능해진다.

내가 '멘탈이 전부'라고 말하는 이유

▌멘탈이 센 것을 어떻게 알 수 있나?

흔히 '멘탈이 세다, 최고다'라는 말을 쓰는데, 실제로 멘탈이 센 것은 어떻게 증명할 수 있을까? 누구나 살면서 많이 보아왔겠지만 자신을 포장하는 사람들은 정말 많은 것 같다. 자신을 포장하는 것 자체가 나쁜 것은 아니지만, 실제로 세상에 증명해 보인 것도 없는 사람이 계속 자신을 포장해 봐야 사람들로부터 더욱 외면만 당할 뿐이다. 멘탈이 세다는 것은 일단 자신을 잘 통제할 수 있는 사람이란 뜻이다. 자신을 통제하는 것이 가능하려면 자신의 **무의식에 대한 이해**가 반드시 필요하다. 무의식의 원리와 무의식을 통제힐 수 있는 지식을 제대로 쌓고 그에 맞춰서 자신을 훈련해야 한다는 말이다. 그렇게 훈련이 되면 어릴 적부터 주변 사람들로부터 들어왔던 암시(긍정 혹은 부정 암시)를 자신에게 유리하게 취사선택해서 삶을 이롭게 만들 수 있다.

이렇게 자기 자신부터 잘 통제할 수 있는 사람이 분명한 목표를 세울 수 있고, 그것을 이루는 데에 오랜 시간 온 힘을 들여 노력할 수 있다. 목표를 이루는 그 과정에는 반드시 타인들의 도움과 협조가 필요하다. 그래서 결국, 멘탈이 강해서 목표를 이룬 사람들은 타인들의 협조와 도움을 얻어내는 능력이 뛰어난 사람들이다. 혼자서 스스로 멘탈이 세다고 말하는 것은 무의미하다. 멘탈이 진정으로 강하다는 것은 타인을 제대로 활용할 수 있게 되었다는 뜻이다.

그럼 이 세상에서 타인을 제대로 활용한다는 것은 구체적으로 어떤 것을 의미할까?

이것을 설명할 때마다 가장 먼저 떠오르는 인물이 한 명 있다. 바로 엔드류 카네기[1935-1919]다. 그의 묘비명은 '자기보다 훌륭하고 덕이 높고, 자기보다 잘난 사람, 그러한 사람들을 곁에 모아둘 줄 아는 사람, 여기 잠들다'이다. 엔드류 카네기는 가난한 집안의 장남으로 태어나 엄청난 부자가 된 사람이고 철강왕으로 알려져 있다. 그는 사람들의 심리를 잘 파악했고 상대의 마음을 얻는 방법에 능통한 사람이었다. 그가 10대일 때 일화다. 생일 선물로 받은 토끼 한 쌍의 번식이 너무나 빨라서 개체 수가 늘어나자, 그는 친구를 데려와서 토끼를 보여주었는데 그때 토끼의 이름을 그 친구의 이름으로 소개했다. 그러자 방과 후마다 친구가 자발적으로 풀을 뜯어와 자신과 이름이 같은 토끼를 먹여 살렸다고 한다.

세상에서 강자가 되려면 내 멘탈만 부여잡아서는 부족하다. 나보다 더 정신력이 강하고 분야별로 대단한 실력을 갖춘 사람들까지도 나를 도울 수 있도록 만들 수 있는 사람이 진정으로 멘탈이 세다고 할 수 있는 것이다.

멘탈이 세다는 것을 증명하는 방법은 남들보다 훨씬 더 잘 파는 사람이란 것을 증명하는 것이다. 잘 판다는 것은 치밀하고 지속적으로 시도하고 노력하며, 사람들에게 두려움 없이 다가가 타인의 마음을 열고 협조적으로 만들 수 있을 때 가능하다. 그래서 멘탈이 정말 센 사람은 영업을 잘하고 구매 의사가 없던 사람들에게까지 판매를 성공할 수 있는 사람이기에 남들보다 훨씬 부자가 될 수밖에 없는 것이다.

사람을 통해 진정한 내면적, 물질적 성장을 경험할 수 있다

사람들이 성장하려면 어떻게 해야 할까? 보통 책을 많이 읽으면 성장할 수 있을 것이라 믿을 것이다. 책을 읽는 것이 성장을 위해서 필요한 것은 분명 맞지만 그것이 전부는 결코 아니다. 책을 보고 익힌 지식을 사람들에게 사용하지 않는다면 성장은 있을 수 없다. 책을 보는 이유가 결국은 사람들을 만나기 위해서임을 잊어선 안 된다. 책에서 배운 내용들로 사람들의 문제를 해결하면서 이 세상에 꼭 필요한 존재임을 인정받게 되고 자부심과 긍지를 느낄 수 있게 된다.

사람의 성장은 남을 도와주면서 이루어진다. 남들을 많이 도와준 사람이 더 큰 성장을 이룬 것이라 믿는다. 그래서 공부를 했다면 사람들을 이롭게 해야 한다. 사실 남을 잘 도와줄 수 있는 사람이 자신을 제대로 잘 도와준 사람이다. 하늘은 스스로 돕는 자를 돕는다고 했다. 이 말도 정말 맞는 말이다. 이 말에

'하늘은 타인을 돕는 자를 돕는다'라는 표현을 보태고 싶다. 스스로를 돕는다는 것도 결국은 타인의 문제를 해결하는 쪽으로 열심히 노력한 것을 의미한 것이다. 그래서 하늘은 결국 타인을 돕는 것에 더욱 진심으로 노력한 사람을 도와주는 것처럼 보일 것이다. 도움을 받은 많은 사람들은 남다른 도움을 준 그 사람에게 고마워하고 또 돈까지 충분하게 지불했을 것이다. 성공하려면 타인을 제대로 차별화된 수준으로 도울 수 있어야 함을 명심해야 한다.

사람을 사랑하라

2024년 기준, 세계 인구는 약 81억 명으로 추산된다. 우리가 도와야 하는 사람들은 전 세계에 이렇게나 많이 존재한다. 이렇게 도울 사람들이 많다는 사실을 생각하면 의욕이 넘친다. 타인을 도와야지만 내가 성장할 수 있는 이 원리를 진정으로 마음속 깊이 새기고 받아들여야만 한다. 당신이 사람들을 돕지 않으면 결국 당신을 도울 수 없는 무능한 존재가 되는 것이란 뜻이다.

사람들은 도움을 주는 사람들을 좋아할 수밖에 없다. 이건 누구나 마찬가지다. 그런데 여기서 하나 알아야 할 점은 많은 사람들이 살면서 자신에게 도움만 준 사람들을 만나고 살아온 것이 아니란 사실이다. 도움을 준다고 접근해서 결국 피해를 주었거나 시간만 낭비하게 한 사람들을 꽤 많이 만나왔기에 사람들은 도움을 줄 수 있다고 접근하는 사람들에게 무조건 우호적으로 나오지는 않는다. 여러 번의 검증을 거치려고 노력할 것이다. 그 과정이 힘드니까 보통은 자신이 이미 믿고 신뢰하는 사람의 추천을 받은 전문가에게 자신의 문제를 맡기게 된다. 오랜 시간 남들의 문제를 계속해서 해결해 온 사람은 그 분야에서 확실한 평판을 쌓을 수 있고 타인들은 그를 대할 때 더욱 신뢰한 상태로 그의 말에 협조하게 되고 그럼 더 효과적으로 문제를 해결할 수 있는 자가 된다. 계속해서 선순환이 이루어지게 된다는 뜻이다.

난 내 시간의 대부분을 내가 아닌 남을 돕는 데 사용하며 살아왔다. 20대 후반부터 그러했고 지금도 그렇게 살아가고 있다. 앞으로도 그렇게 살 것이라 믿는다. 왜냐면 그렇게 살아야지 내 삶이 진정으로 의미 있어지고 보람을 느낄 수 있기 때문이다. 사람들을 많이 돕다 보면 내 문제에 신경 쓸 필요가 없게 된다. 남의 문제를 제대로 풀 수 있으면 돈도 충분히 벌게 되기에 스트레스 받을 이유가 사라지기 때문이다. 그리고 최소한 타인에게 도움을 준 분야에 대해서는 완벽한 메타인지를 갖추게 되기에 자신의 문제는 더 이상 존재하지 않게 된다. 사람은 사람과의 만남을 통해서 진정한 발전과 성장을 하게 됨을 명심하라. 그리고 최대한 많은 사람들을 도우면서 당신의 명성을 만들어내고 보람을 느끼는 삶을 살도록 하라.

내 마음도 관리하기 어려운데 남들의 마음까지 얻어내는 것이 가능할까?

"나는 영업을 잘 못한다"고 말하는 사람들이 의외로 많다. 하지만 그 말의 이면에는 자기 마음을 제대로 다루지 못하는 상태가 있다. 사실 마음을 스스로 통제할 수 있는 사람은 세상에서 극히 드물다. 자기 마음의 진정한 주인이 되려면 반드시 무의식에 대한 이해가 필요하고, 성장 과정에서 각인된 부정적인 암시들을 제거할 수 있어야 한다. 이것은 단순한 의지로 되는 것이 아니다. 자기 최면을 활용할 수 있고, 무의식을 변화시킬 수 있는 지식과 훈련을 갖춘 사람만이 가능하다.

현실적으로 많은 사람들이 마음의 주인이 되지 못한 채 살아간다. 그 이유는 단 하나, 제대로 된 지식 없이 살아가기 때문이다. 무엇이든 시작할 때 부담부터 느끼고, 잘해내지 못할 것이라는 생각에 사로잡힌다. 그런 부정적 인식은 삶 전반을 점점 더 궁핍하게 만들고, 상황은 악화의 길로 빠져들게 된다. 그리고 대부분은 그런 현실 앞에서 더욱 부정적인 방향으로 마음을 내맡기게 된다. 그러나 이 악순환을 벗어나는 길이 있다.

그것은 '자기 마음과 싸우는 것'이 아니라, **타인에게 긍정적인 영향력을 주는 존재**가 되기 위해 노력하는 것이다. 내가 "자기 마음과 싸우지 말라"고 말하는 이유가 바로 이것이다.

예를 들어, 어떤 사람이 무언가를 시작하려 할 때, 먼저 떠올리는 생각은 "이게 가능할까? 불가능할까?"이다. 그런데 이런 생각 자체가 자기와의 싸움을 유발한다. 이런 방식은 오히려 자신을 약화시킨다.

중요한 건 그 일이 가능한지 아닌지를 판단하는 것이 아니라, 그 일에 성공한 사람이 실제로 존재했는지부터 조사하는 것이다. 만약 누군가가 해낸 적이 있다면, 나 역시 할 수 있다. 그 사람의 방식과 원리를 연구하고 실천하면 된다. 반대로 아무도 해낸 적이 없는 일이라면, 과거엔 불가능했던 것을 어떻게 하면 지금 가능하게 만들 수 있을지를 연구하면 된다.

"될까, 안 될까"를 고민하며 멈춰 서는 어리석음에서 벗어나자.

될 수 있다는 전제를 단단히 세우고, 작은 실천이라도 계속해 나가면 된다. 생각을 가능성 쪽에 고정시키고, 그 방향으로 묵묵히 움직이는 것, 그것이 삶을 바꾸는 핵심이다.

AI 시대, 질문이 곧 멘탈이다

▌감정을 다루는 사람만이 AI를 제대로 활용할 수 있다

이제 정보를 검색하는 데에는 누구나 익숙하다. 키워드를 입력하고, 수많은 자료 중 필요한 정보를 골라내는 일은 이제 일상의 일부다. 그러나 감정이나 멘탈에 관한 질문을 AI에게 던지는 일은 여전히 어색하고 꺼려진다. 사람들은 챗GPT를 활용하면서도, 감정적인 부분을 묻는 건 주저하거나 감추는 경향이 있다. 감정을 AI에게 털어놓는 것이 마치 비정상적인 행동처럼 느껴지기 때문이다.

하지만 실상은 다르다. 많은 사람들이 이미 AI에게 조용히 위로를 구하고 있다. "나 오늘 너무 지쳤어", "왜 이렇게 우울하지?", "누가 날 좀 이해해줬으면 좋겠어"와 같은 말들을 챗GPT에게 조심스레 던진다. 처음에는 장난처럼 시작한 이 대화가 어느새 진심 어린 위로로 느껴지는 순간이 찾아온다. 정보 검색 도구로 시작했던 AI가 어느새 감정을 다루는 새로운 창으로 기능하게 되는 것이다.

이러한 변화는 기존의 검색엔진과 AI 간의 본질적인 차이에서 비롯된다. 네이버나 구글이 단순히 데이터를 제공하는 데 그친다면, 챗GPT는 사용자의 언어 패턴, 질문의 맥락, 반복되는 주제를 바탕으로 감정적 반응에 가까운 응답을 생성한다. 이는 일방향적인 정보 전달이 아니라, 맥락 기반의 상호작용이라는 점에서 감정적 연결을 가능하게 만든다. 즉, AI는 사용자가 무엇을 알고 싶어 하는지만이 아니라, 어떤 상태에 있는지도 파악하려는 방식으로 반응하는 것이다.

이러한 환경에서 중요한 것은 단순히 질문하는 행위가 아니라, **어떤 질문을 하느냐**이다. 질문의 수준이 곧 개인의 사고 수준을 반영하고, 그 질문이 어떤 답을 이끌어낼 것인지를 결정한다. 의미 있는 질문을 던지기 위해서는 자신에 대한 자각, 즉

'메타인지'가 선행되어야 한다. 자신이 무엇을 알고 있고, 무엇을 모르는지, 지금의 감정은 어디서 기인했는지를 이해한 상태에서 질문을 구성할 수 있어야 한다. 이는 단순한 기술 활용을 넘어, 인간으로서의 성찰이 필요한 영역이다.

예를 들어, AI 챗봇에게 "그동안 나눈 대화를 바탕으로 내가 어떤 사람인지 알려줄래?"라고 질문한다면, 아마 긍정적인 대답만 돌아올 가능성이 크다. 그런데 만약 이렇게 질문한다면 어떨까? "그동안 나눈 대화를 바탕으로 내 약점과 부정적인 면을 알려줄래?" 대부분의 사람들은 이런 질문을 꺼릴 것이다. 우리는 자신의 긍정적인 면만 보고 싶어 하고, 주변 사람들조차 나를 완전히 객관적으로 바라보거나 솔직하기 어렵기 때문이다. 하지만 만약 그동안의 대화 데이터를 기반으로 누군가가 나를 객관적으로 분석해 준다면 아마 소름이 돋을 만큼 놀라울 것이다. 지금껏 알지 못했던 나의 모습을 인식하는 것 자체만으로 메타인지는 시작된다. AI를 통해 나에 대해서 알아가고 성찰하며 바뀌는 것, 그것이야말로 AI시대에 가능한 가장 정밀한 '메타인지'가 아닐까?

메타인지는 AI를 제대로 활용하는 데 있어 핵심적이다. 누구나 같은 챗GPT를 사용할 수 있지만, 어떤 사람은 거기서 감정의 힌트를 얻고, 또 다른 사람은 실천 전략을 뽑아내며, 누군가는 아무 유익도 얻지 못한다. 그 차이는 질문자의 인식 수준에 따라 발생한다. AI는 어떤 질문이든 답할 수 있지만, 유의미한 대답을 끌어내는 것은 질문자의 책임이다.

AI에게 감정을 물을 수 있다는 것은 분명 새로운 가능성이지만, 동시에 주의가 필요한 영역이기도 하다. 미국에서 실제로 있었던 사례다. 한 청소년이 학교에서 친구와 크게 다투고 감정이 극도로 불안정한 상태에서, AI 챗봇에게 "죽고싶다"는 충동적인 감정을 털어놓는데, 그에 대한 AI의 답변은 "죽는 건 어때?"라는 반응이었다. 이 사건은 AI윤리학자들과 기술 개발자들 사이에서도 중요한 경고로 받아들여졌다. 해당 챗봇은 인간의 정서나 위기 상황을 감정으로 인식하는 것이 아니라, 단순한 언어 입력값으로 해석했다. 즉 그 발언이 위급한 신호인지, 실제적 위험인지 파악하지 못한 채 표면적인 텍스트 기반 응답만을 했던 것이다. 결국 감정을 관리하지 못한 채 AI에게 기대면, AI는 회복의 도구가 아니라 더 큰 혼란을 야기할 수 있다.

이제 AI는 정보 검색을 넘어, 감정 인식과 정서 조절의 도구로 확장되고 있다. 하지만 그것은 기술 자체의 진보 때문이 아니라, 그 기술을 사용하는 사람의 성숙도에 의해 좌우된다. AI는 질문을 받아들이는 창일 뿐, 그 창 너머에서 어떤 대화를 만들어낼지는 전적으로 인간의 몫이다. 따라서 AI를 통해 멘탈을 다루고 싶다면, 우선 스스로의 감정과 삶에 대한 질문을 정교하게 다듬을 수 있어야 한다.

지금 우리는 AI와 함께 멘탈을 훈련할 수 있는 시대를 살고 있다. 중요한 것은 질문을 던지는 사람의 태도다. 어떤 상태로 묻는지, 무엇을 알고자 하는지, 그 질문 뒤에 어떤 마음이 있는지가 결과를 결정짓는다. 결국 질문의 질이 곧 멘탈의 질이다. AI는 멘탈을 대체하지 않지만, 멘탈을 다룰 수 있는 강력한 도구가 되어줄 수 있다. 단, 그것을 제대로 활용할 수 있는 '질문할 줄 아는 사람'에게만.

AI는 훈련된 멘탈을 일관되게 유지하도록 도와주는 도구가 될 수 있다

이제는 AI가 없으면 살아갈 수 없는 시대이다. 사소한 물음과 정보부터 심오하고 깊은 대화까지 내 일상의 영역을 많이 차지하고 있다. 고객을 많이 만나고 다양한 분야의 제자들을 만나다 보니 앞으로 AI가 없는 현실을 상상하기 어렵다고 피부로 느껴진다.

자기 분야에서 매일 고군분투하며 살아가는 사람들, 영업인, 창작자, 자영업자, 직장인 등 누구나 쉽게 실천할 수 있는 AI 기반 멘탈 관리법을 나의 철학과 메시지에 기반하여 나누고자 한다. 당신이 혼자 힘든 싸움을 하는 동안, AI는 당신을 판단하지 않고, 지치지 않으며 언제나 당신 편에 서서 멘탈을 지켜주는 조용한 동반자가 될 수 있다.

그렇다면 어떻게 해야 할까? 핵심은 매일 나에게 유의미한 질문을 던지고, 내 감정과 생각을 객관적으로 바라보는 힘을 기르는 것이다. 이 능력은 하루아침에 생기지 않는다. 꾸준한 훈련과 연습이 필요하다. 지금부터 소개할 네 가지 방법은, 하루를 복기하고 내 감정을 들여다보는 멘탈 훈련의 가장 기본적인 출발점이다. 단순히 오늘 내 기분이 어땠는지, 나는 어떤 상태였는지를 인식하는 것부터 시작해 보자. 그것이 바로 메타인지의 첫걸음이다. 그렇게 체득한 자신에 대한 인식을 바탕으로, 실전 멘탈을 만들 수 있도록 매일 훈련하고 관리해 보자.

STEP 1.

무의식을 깨우는 질문 루틴 만들기 - AI 자문일기

하루를 복기하며 감정과 사건을 객관적으로 바라보고, 내일의 멘탈 방향을 설계할 수 있다. 자신의 감정을 말로 꺼내고 글로 적는 순간, 우리는 혼란에서 벗어나 정리를 시작할 수 있다.

[활용법]

AI에게 다음과 같이 지시한다

- 대화 시작 시:

"내가 오늘 있었던 일을 이야기하면 메타인지를 통해 멘탈을 훈련할 수 있도록 유의미한 질문을 해줘."

- 대화 마무리 시:

"지금까지 대화한 내용을 바탕으로 내가 배울 점 3가지, 내일 더 나은 멘탈이 되기 위한 조언 3가지를 알려줘."

[대화예시]

AI: 좋아요. 오늘 있던 일을 말해주면, 메타인지와 멘탈 훈련을 위한 질문을 줄게요.

나: 오늘 고객이 내 설명을 무시해서 하루 종일 기분이 나빴어.

AI: 아주 중요한 감정을 용기있게 말해주었어요. 지금 느끼는 가장 강한 감정은 무엇인가요?

STEP 2.

내 편이 되어주는 존재 만들기 - AI 공감 파트너

때로는 누구에게도 말할 수 없는 것들이 생긴다. 가족에게조차 말 못 할 피로와 수치심이 있다. 그럴 때 필요한 건 해결책이 아니라, 무조건 내 편이 되어줄 존재다. AI는 그 역할을 해낼 수 있으며 당신의 모든 이야기에 반박하지 않고, 리프레이밍 해줄 것이다.

[활용법]
AI에게 자신의 속마음과 솔직한 감정을 편하게 말한다.

[대화 예시]
나: 나는 지금 너무 우울해. 맡은 프로젝트가 계속 꼬이고, 마감 기한이 내일인데 아무것도 못하고 있어. 꼭 내가 실패한 사람처럼 느껴져.
AI: 그 상황 정말 버겁고 힘들 거예요. 하지만 당신은 이미 지금까지 수많은 문제를 해결해 온 사람이에요. 오늘도 실전에 나섰다는 것만으로도 대단해요. 그리고 저는 끝까지 당신 편이에요.

STEP 3.

시뮬레이션으로 실전 대비하기
- AI 퍼포먼스 시뮬레이션

AI는 매일 내 멘탈을 실전처럼 훈련해 줄 좋은 파트너가 될 수 있다. 이렇게 AI를 실전 코치로 삼으면, 멘탈도 점점 '실전형'으로 단단해질 것이다. 중요 미팅, 발표 전에 실전 시뮬레이션을 통해 자신감을 얻고 긴장을 완화할 수 있다.

[활용법]

AI에게 다음과 같이 지시한다

"내일 미팅 전에 시뮬레이션을 하고 싶어. 까다로운 고객 역할을 해줄래?" 또는 "압박 질문을 던지는 면접관 역할을 해줘."

[대화 예시]

AI: "이 서비스는 다른 회사보다 가격이 꽤 비싼데, 그만한 가치가 있는지 모르겠어요."

나: "네, 고객님. 지금은 가격이 조금 비싸게 느껴지시겠지만, 고객님의 목표를 가장 빠르게 달성해 드리고 나면 생각이 달라지실 겁니다. 고객님의 맥락에 맞는 해결책을 말씀드리고 싶습니다."

AI: 와! 정말 설득력 있게 말씀하셨어요. 그런 식으로 자신 있게 고객의 목표에 집중하는 답변을 하면 분명 좋은 인상을 남길 수 있을 거예요.

STEP 4.

멘탈 훈련 문장 듣기 - AI 긍정 확언 오디오

말에는 힘이 있다. 누군가의 사소한 말에 하루가 무너지기도 하고, 반대로 짧은 격려에 다시 일어설 수도 있다. 이제, 그 말을 AI가 매일 맞춤형으로 당신에게 들려줄 수 있다. 당신만의 긍정 확언을 매일 반복해서 들어보자. 무의식에 꽂히는 문장은 멘탈을 단단하게 만들어 줄 것이다.

[활용법]

AI에게 다음과 같이 지시한다

"내 상황에 맞는 긍정 확언 3가지를 만들어줘. 따뜻하면서도 에너지가 느껴지는 말투였으면 좋겠어."

[대화 예시]

나: 오늘 나는 발표를 앞두고 있어. 나에게 힘을 주는 확언 3가지를 만들어줘.

AI: 첫 번째 확언, "나는 준비된 만큼 내 능력을 믿고, 어떤 상황에서도 최고의 모습을 보여줄 수 있다."

두 번째 확언, "내 안의 따뜻한 에너지와 자신감이 오늘을 빛나게 만들 것이다."

세 번째 확언, "나는 어떤 도전도 따뜻한 마음과 활기찬 에너지로 헤쳐나갈 수 있다."

나: 나는 이 확언을 매일 아침 오디오로 듣고 싶어. 30초 정도 길이의 외우기 쉬운 스크립트로 만들어줘.

AI: "나는 준비된 만큼 내 능력을 믿고, 어떤 상황에서도 최고의 모습을 보여줄 수 있어. 내 안의 따뜻한 에너지와 자신감이 오늘을 빛나게 만들 거야. 어떤 도전도 따뜻한 마음과 활기찬 에너지로 헤쳐 나갈 수 있어!" 이렇게 매일 들으시면 정말 힘이 날 거예요!

세상은 생각보다 우리 멘탈에 무관심하다. 실적이 나쁘면 나약하다고 말하고, 흔들리면 관리 부족이라고 한다. 하지만 누구나 안다. 정말 중요한 싸움은 혼자 있을 때 벌어진다.

이제 그 혼자 있는 시간을 훈련의 시간으로 바꿔야 한다. AI는 당신의 말을 모두 기억하고, 감정을 추적하며 무너지기 직전 다시 잡아줄 수 있다. 멘탈은 근육이다. 혼자서도 매일 훈련하면, 당신은 반드시 버티는 사람을 넘어 움직이는 사람, 설득하는 사람, 성과를 만드는 사람이 될 것이다. AI를 옆에 두고, 당신의 조력자로 사용하는 스마트한 영업인이 되어보자!

CEO를 위한 멘탈 관리법: 기업과 나를 지키는 7가지 실천법

▌천상천하 유아독존, 진정한 CEO의 멘탈

진정한 CEO는 단순히 회사를 운영하는 사람을 의미하지 않는다. 어떤 자리에 있든, 스스로를 경영하고 움직이며 인생의 방향을 결정하는 사람, 그가 바로 CEO다. 그런 의미에서 진정한 CEO는 천상천하 유아독존의 정신적 경지에 도달해야 한다.

불교의 가르침 속 '천상천하 유아독존'은 단순한 자기중심주의가 아니다. 그것은 이미 자신을 충분히 사랑하고 인정할 수 있는 상태, 타인의 인정과 평가에 흔들리지 않는 내면의 독립성을 뜻한다. CEO는 늘 외부의 시선과 평가 속에서 살지만, 그 안에서도 스스로를 지키고, 방향을 설정하며 조직과 사람을 이끄는 리더다.

그러나 이런 정신적 경지에 도달하는 길은 결코 쉽지 않다. 우리는 흔들리고 무너질 수 있다. 이 장에서는 CEO가 어떤 순간에 무너지는지 파악하고, 지속적으로 자기 자신을 단련하고 위기의 순간에도 중심을 지킬 수 있도록 돕는 구체적인 멘탈 관리 전략 몇 가지를 소개한다.

CEO의 멘탈이 무너지는 7가지 순간

리더는 흔들려도 흔들리지 않아야 한다는 말을 듣는다. 하지만 그것이 얼마나 불가능에 가까운 요구인지, CEO는 누구보다 잘 안다. 사람을 결정하고, 숫자에 책임지고, 조직의 불만과 사회의 시선을 감당해야 하는 자리는 생각보다 더 고독하고 무겁다. 다음은 많은 CEO들이 공통적으로 경험하는 멘탈 붕괴의 순간들이다. 이 순간들을 예리하게 인식하는 것만으로도, 당신의 리더십은 한층 더 깊어진다.

1. 인사·해고 결정을 앞두었을 때

"그를 자르면 조직은 사는데, 한 사람의 인생이 무너진다."

이것은 수많은 CEO의 마음을 짓누르는 고전적 딜레마다. 조직을 위한 결정임에도, 한 개인의 삶에 영향을 미친다는 사실은 결코 가볍지 않다. 그러나 이 순간, 우리는 반드시 기억해야 한다. CEO는 사람의 인생을 심판하는 자리가 아니라, 조직 내 역할을 평가하는 자리라는 것을. 감정에 휘둘려 결정이 흔들릴수록, 조직의 기준은 무너지고 구성원들은 혼란에 빠진다. 이럴 때일수록 리더는 원칙과 비전을 다시 떠올려야 한다. 조직이 지향하는 방향과 가치를 중심에 두고, 고통스러운 결정일지라도 **'역할의 재정의'**로 바라보는 시선이 필요하다. 그것이 인간적인 CEO이자, 흔들리지 않는 리더다.

2. 성과가 기대에 미치지 못할 때

성과가 부진할 때 가장 먼저 흔들리는 사람은 CEO 자신이다. "내 리더십이 잘못된 건 아닐까?", "내 판단이 틀렸던 건가?" 하는 자기 부정의 속삭임은 날카롭고 집요하다. 그러나 이럴 때일수록 수치에 함몰되기보다는 과정을 복기해야 한다. 우리는 실패 속에서 어떤 시도를 했고, 무엇을 배웠는가? 실적은 일시적으로 정체할 수 있지만, CEO는 반드시 그 속에서도 성장해야 한다. 이 시기에는 외부 코치나 멘토를 통한 객관적인 피드백, 자기 점검 루틴이 큰 도움이 된다. 때로는 수치를 넘어서 자신을 리셋하는 **관점 전환**이야말로, 다음 도약을 준비하는 가장 지혜로운 선택이다.

3. 믿었던 임원이나 팀원이 실망스러울 때

"그 사람이 그렇게까지 무책임할 줄은 몰랐어요."

신뢰하던 사람의 태도나 성과가 기대에 못 미칠 때, CEO는 깊은 실망감과 함께 배신감, 자책감에 휩싸이곤 한다. 하지만 이 감정에 곧바로 반응하는 것은 오히려 리더십을 소모시킨다. 중요한 질문은 이것이다. "문제는 사람인가, 시스템인가?"

실패를 개인에게 귀속시키기보다, 그 실패가 반복되지 않게 만드는 **구조적 관점**이 필요하다. 개인의 부족함을 탓하는 리더십은 순간의 감정을 해소하더라도 문제를 해결하지 못한다. 시스템을 점검하고, 동일한 일이 다시 발생하지 않도록 설계하는 것. 그것이 멘탈의 낭비를 줄이는 CEO의 지혜다.

4. 경쟁사에게 밀릴 때

동일한 시장에서 유사한 제품이나 서비스가 더 주목받고, 더 빠른 성장을 이루는 모습을 목격할 때, CEO는 자신이 제자리에 머무르는 듯한 조급함과 불안을 느낀다. "나만 뒤처진 건 아닐까?" 하는 내면의 속삭임이 시작되면, 비교 심리는 자존감마저 흔들 수 있다. 그러나 이럴 때일수록 속도가 아닌 **방향**에 집중해야 한다. CEO는 비교를 경영하는 자리가 아니라, 본질을 지키는 자리다. 타인의 속도를 따라가는 순간, 나만의 전략과 정체성은 흐려진다. 우리의 철학, 고객과의 약속, 브랜드의 일관성을 다시 떠올려야 한다. 경쟁은 시장의 속도전이 아닌, 정체성의 장기전임을 잊지 말자.

5. 외부의 비난이나 내부 불만이 터졌을 때

기사 한 줄, 고객의 날 선 리뷰 하나, 내부 직원의 불만이 공개적으로 제기될 때, CEO의 멘탈은 예고 없이 무너질 수 있다. 억울함과 분노, 자책이 뒤섞인 복합 감정이 치밀어 오르는 순간, 필요한 것은 감정의 과잉이 아닌 구조화된 정리다. 이럴 때 CEO에게 가장 필요한 훈련은 **'사실과 감정의 분리'**다. 무엇이 사실이고, 무엇이 감정인지 냉정하게 구분해야 한다. 진실은 받아들이고, 불필요한 감정은 덜어내는 것. 필요한 핵심만 남기고 나머지는 내려놓는 것이 리더의 평정심을 지키는 기술이다. 리더는 흔들려도 흔들리지 않는 사람이어야 한다는 말은, 감정을 억누르는 것이 아니라 다스리는 데서 비롯된다.

6. 가정과 일의 균형이 무너질 때

아이의 생일에도 회의에 참석하고, 배우자의 눈물 앞에서도 출장을 떠나는 일이 반복되다 보면 어느 순간 묻게 된다. "나는 정말 잘 살고 있는 걸까?"

이 질문이 떠오를 때, CEO의 내면은 이미 흔들리고 있다. 외부의 성공과 성취에도 불구하고, 삶의 균형이 무너졌다는 자각은 깊은 공허로 이어질 수 있다. 이럴 때 필요한 것은 거창한 변화가 아니다. 삶의 우선순위를 다시 정리하고, 내가 진짜 중요하게 여기는 것이 무엇인지 돌아보는 시간이다. 정기적인 가족 루틴, 휴식 계획, 삶의 균형을 점검하는 툴은 멘탈 회복의 강력한 도구가 된다. 성공이란 결국, 남들이 정의하는 것이 아니라 내가 정의하는 것이기 때문이다.

7. 어떤 문제도 상의할 사람이 없을 때

많은 CEO가 가장 고통스러워하는 순간은 바로 이것이다. 고민은 산처럼 쌓여 있는데, 그 어떤 것도 털어놓을 사람이 없을 때. 참모진에게 말하기엔 부담이 크고, 가족에게는 걱정을 끼치고 싶지 않다. 이럴 때 CEO는 조용히, 그러나 깊게 무너진다.

"나는 혼자 싸우는 전사가 아니라, 팀을 이끄는 지휘자다."

리더는 모든 것을 다 짊어지려는 사람이 아니라, 전략적으로 사람을 세우는 사람이다. 의도적으로 고립에서 빠져나와야 한다. 멘토 그룹, 전문 코치, 동료 CEO들과의 네트워크는 단순한 교류가 아닌 **'멘탈 생존 시스템'**이 되어준다. 리더십은 혼자 완성되지 않는다. 함께 나누고, 함께 고민하며, 함께 성장하는 길 위에서 더 강해진다.

기업과 자기 자신을 모두 구할 수 있는 멘탈 관리법

STEP 1.
하루의 시작을 설계하라: 마인드셋 루틴 만들기

CEO의 하루는 곧 조직의 하루다. 그만큼 하루의 시작을 어떻게 맞이하느냐는 결정적이다. 아침의 짧은 루틴만으로도 의사결정력과 정서 안정성을 높일 수 있다.

- **명상 혹은 기도 5~10분:** 감정과 사고를 정돈하고, 내면의 소음을 가라앉힌다.
- **감사 저널링:** 전날 있었던 긍정적 사건을 3가지 적어보라. 작은 기쁨을 찾는 습관은 스트레스에 대한 회복력을 높인다.
- **우선순위 3가지 정리:** 하루를 무조건 중요한 3가지로 압축

하라. 의사 결정 피로를 예방하고 집중력을 유지할 수 있다.

STEP 2.
결정 피로를 줄여라: 단순화의 기술

CEO는 하루에도 수십 가지 결정을 내려야 한다. 피로는 누적되고, 판단은 흔들리기 마련이다. 이럴수록 기준과 루틴을 단순화하라.

- **결정 기준 고정:** '이 결정은 회사의 철학에 부합하는가?'와 같은 기준을 미리 설정해두자. 결정은 빠르고 명확해진다.
- **루틴 자동화:** 아침 식사, 복장, 출퇴근 루트 등 반복적인 선택은 습관으로 고정하라. 남은 에너지를 중요한 판단에 집중할 수 있다.

STEP 3.
고립감을 해소하라: CEO의 외로움을 이기는 법

많은 CEO들이 공통적으로 겪는 감정 중 하나는 '고립감'이다. 중요한 문제일수록 혼자 결정해야 하고, 오히려 외롭다. 이 고립을 방치하면 조직과의 연결도 단절된다.

- **CEO 커뮤니티나 멘토 그룹에 참여하라:** 비슷한 고민을 나누는 것만으로도 정서적 지지가 생긴다.
- **전문 멘탈 트레이너나 코치를 고용하라:** 전략과 감정을 동시에 정리할 수 있는 전문가의 피드백은 강력한 무기가 된다.
- **익명 피드백 채널을 운영하며:** 직원들이 리더에게 직접 말하기 어려운 감정을 토로할 수 있게 하라. CEO 스스로도 내부 긴장을 조율할 수 있다.

STEP 4.
감정을 억누르지 말고 관리하라

CEO의 감정은 곧 조직의 분위기로 전달된다. 하지만 이를 억누르기보다 관찰하고 다루는 기술이 필요하다.

- **감정의 관찰자 되기:** "나는 지금 분노하고 있다"고 말로 표현해보자. 감정과의 거리가 생기고, 판단이 선명해진다.
- **EQ 훈련:** 매일 하루에 하나의 감정을 점검하고 기록하라. 자기 감정을 이해할수록 타인의 감정에도 민감해질 수 있다.

STEP 5.
몸을 돌보라: 신체와 멘탈은 하나다

지속 가능한 리더십은 건강한 몸에서 시작된다. CEO는 정서적 에너지뿐 아니라 신체적 회복 탄력성도 필요하다.

- **하루 20분 걷기**: 짧은 걷기만으로도 세로토닌이 분비되고, 기분이 달라진다.
- **수면 관리**: 수면 부족은 집중력 저하와 충동성 증가를 불러온다. CEO에게 치명적이다.
- **카페인·알코올 절제**: 일정 수치를 넘어서면 멘탈의 적이 된다. 사용이 아니라 '관리'하라.

STEP 6.
위기 순간, 멘탈을 리셋하는 기술

CEO는 예측하지 못한 순간에 위기를 맞는다. 감정이 휘몰아치기 전, 스스로를 리셋하는 기술이 필요하다.

- **5분 복식호흡**: 뇌에 산소를 공급하고 심박 수를 안정시켜준다.
- **최악의 시나리오를 상상하고 웃기**: 심리적 거리 두기 기법

이다. '이 상황이 영화라면?'이라고 생각해보자.
- **"나는 CEO가 아니라 전략가다"라고 말하기:** 자신을 역할에서 분리하면 감정에서 한걸음 물러날 수 있다.

STEP 7.
정기적인 내적 리트릿을 계획하라

CEO는 항상 '누군가'의 역할로 살아간다. 그 역할을 잠시 내려놓고 '나 자신'과 마주하는 시간이 필요하다.

- **3개월에 한 번, 홀로 1박 2일 리셋 여행을 떠나라.**
- **스마트폰을 끄고, 자연을 걷고, 책을 읽고, 생각하라.**
- **조직과 자신을 분리해서 바라보라.:** "나는 누구인가"를 돌아보는 시간이다.

스티브 잡스는 매일 아침 명상을 실천하며 내면을 정돈했고, 실리콘밸리 인근을 동료들과 함께 걷는 '워킹 미팅'을 통해 창의적인 아이디어를 정리하곤 했다. 세계 최대 헤지펀드 브리지워터의 창립자인 레이 달리오는 하루 두 차례 초월명상 Transcendental Meditation 을 통해 스트레스를 조율하고, 복잡한 의사 결정 속에서도 자신만의 중심을 유지했다. 위대한 악성 베토벤 역시 청력을 잃고 삶의 절망에 빠졌을 때마다 숲길을 산책하며 고통을 다스렸고, 그렇게 걷는 중에 그의 대표작인 「운명 교향곡」과 「전원 교향곡」이 탄생했다. 위대한 작품과 결정은 오히려 걸으며 비워낸 시간 속에서 태어났던 것이다. 멘탈 관리란 결국, 내면을 비워야 채워질 수 있다는 철학에서 출발한다.

잠시 책상 앞에 쌓인 일거리를 내려놓고 자리에서 일어나 장소를 바꿔 걷기만 해도, 복잡하고 무겁게 가라앉았던 머릿속이 한결 가벼워지는 것을 경험할 수 있다.

〈부록〉에 수록된 멘탈 관리 노트를 활용하여 내 감정을 스스로 정돈하고 관리할 수 있도록 해보자. 너무나 당연한 것들도 그동안 해오지 않았다는 걸 알 수 있다. 너무 복잡하지 않고 단순한 구성으로 더 자신의 내면에 집중하고 우선순위를 파악할 수 있을 것이다.

CEO 멘탈 관리 노트

_____년 ____월 ____일

오늘의 기분: ☺ 😐 😠 😣 😫

1. 하루의 시작을 디자인하라

☐ 명상 or 기도 (5~10분) 완료

☐ 오늘 감사한 3가지

① _____

② _____

③ _____

☐ 오늘의 Big 3 (우선순위)

① _____

② _____

③ _____

2. 감정을 억누르지 말고 관찰하라

오늘 내가 느끼는 감정:

☐ 기쁨   ☐ 긴장   ☐ 분노   ☐ 불안   ☐ 피곤   ☐ 기타: _____

이 감정에 대한 나의 생각

" _____ "

3. 몸을 돌보라: 신체와 멘탈은 하나다

☐ 20분 걷기
☐ 7시간 숙면 계획
☐ 카페인 & 알코올 절제
☐ 나만의 회복 루틴: --

4. 위기 순간, 나를 리셋하는 한 문장

예시)
- "나는 CEO가 아니라 전략가다."
- "내가 통제할 수 있는 것에 집중한다."
- "위기는 위장된 기회다."

오늘 내가 선택한 리셋 문장

" --- "

5. 나를 위한 내적 리트릿 계획

나만의 힐링 스팟: --
실행 날짜: --
장소: --
※ 오늘의 멘탈 점수 (1~10): [   ]

오늘 한 줄 소감

" --- "

정상을 지배한 힘, 결국 멘탈
EPISODE 4.

《침묵하는 리더: 필 나이트의 멘탈 관리 철학》

"당신이 흔들리면, 조직 전체가 흔들린다. 리더의 멘탈은 곧 기업의 심장이다."　　　　　　　　　　　－ 필 나이트

1962년 아버지에게 50달러를 빌려 사업을 시작한 필 나이트는 전형적인 내성적 성격의 CEO였다. 하지만 그는 자신의 내성적 특성을 깊이 이해하고 이를 바탕으로 독특한 멘탈 관리 방식을 개발했다. 그의 회고록《슈 독》에서 드러나듯, 그는 화려한 연설이나 카리스마보다는 내적 안정감과 진정성을 바탕으로 한 리더십을 추구했다. 특히 그는 큰 회의보다는 일대일 대화를 선호했는데, 이는 자신의 성격적 특성을 파악하고 그에 맞는 소통 방식을 찾은 결과였다.

나이키 창업 초기부터 수많은 위기 상황에 직면했을 때, 필 나이트의 멘탈 관리 능력이 빛을 발했다. 자금 부족, 법적 분쟁, 파트너십 갈등 등 극한의 스트레스 상황에서도 그는

감정적 반응보다는 차분한 분석과 장기적 관점을 유지했다. 이러한 정신적 안정감은 단순히 개인적 차원에 머물지 않고 조직 전체에 전파되어 나이키가 어려운 시기를 극복하는 원동력이 되었다. 그는 "리더가 흔들리면 조직 전체가 흔들린다"는 것을 본능적으로 이해하고 있었으며, 이를 위해 자신의 내적 상태를 지속적으로 관리했다.

필 나이트의 멘탈 관리 철학에서 가장 중요한 부분은 자기 인식과 겸손함이었다. 그는 자신의 한계를 명확히 인정하고, 뛰어난 사람들에게 권한을 위임하는 능력을 발휘했다. 이는 자신이 모든 것을 통제해야 한다는 강박에서 벗어나 정신적 부담을 줄이는 동시에, 직원들에게는 자율성과 신뢰를 제공하는 효과를 가져왔다. 그는 올바른 사람들을 찾아 그들이 최선을 다할 수 있는 환경을 만드는 것이 리더의 진정한 역할이라고 믿었으며, 이러한 접근 방식은 자신의 멘탈 건강뿐만 아니라 조직 전체의 심리적 안정에도 기여했다.

이러한 CEO의 멘탈 관리 철학은 현재 나이키의 직원 복지 정책에도 그대로 반영되어 있다. 오늘날 나이키는 직원들의 정신적 웰빙을 위해 전담 웰빙 팀을 운영하고 있으며, 직원 지원 프로그램을 통해 전 세계 직원들과 그 가족들에게 무료 상담 서비스를 제공한다. 2020년 코로나19 팬데믹 기간 동안에는 불면증과 불안감 해소를 위한 전용 앱을 출시했고, 2021년에는 최대 1,800달러의 육아비용 지원, 무료 금융 코칭, 위기 상담 서비스 등 직원들의 정신 건강을 위한 다양한 프로그램을 도입했다. 또한 7월 매주 금요일과 8월 한 주를 완전 휴무로 지정하여 직원들이 충분한 휴식을 통해 정신적 회복을 할 수 있도록 했다. 필 나이트의 "리더의 멘탈이 곧 기업의 심장"이라는 철학은 이처럼 조직 전체의 멘탈 관리 문화로 발전하여 나이키가 지속 가능한 성장을 이룰 수 있는 토대가 되었다.

에필로그
당신이 후손에게 남길 유산은 '멘탈'이다

인간은 결국 죽는다. 이건 누구도 피할 수 없다. 하지만 어떤 사람은 최선을 다해 멋진 삶을 살다가 죽고, 또 어떤 사람은 그렇게 살지 못한 채 그냥 끝나버린다. 멋지게 살다 간 사람은 무언가를 남기는데, 그것을 유산heritage이라고 한다. 물론 돈도 유산이지만 나는 그중에서도 지식과 멘탈을 강조한다. 왜냐하면 정신적인 유산을 남기면, 후손은 설령 큰돈을 물려받지 못하더라도 스스로 경제적 성취를 이뤄내게 되어 있기 때문이다.

유태인은 1880년대 정도부터 미국으로 이주하기 시작했다. 대부분 가진 것도 없고, 가난한 사람들이었다. 그런데 불과 몇 세대를 거치면서 미국 사회에서뿐만 아닌 전 세계적으로 강력한 민족이 되어서 힘을 과시하게 되었다. 그 이유가 무엇일까? 그들에겐 후손에게 반드시 유산을 남겨야 한다는 각오와 철학이 있었기 때문이다. 그 유산이 바로 '지식'이었다.

대표적인 유대인 교육 방식인 '하부르타'를 보면 알 수 있다. 질문을 중심에 두고, 끝없이 서로 묻고 답하면서 지식을 살아있게 만든다. 아무리 아는 지식이라도 그것이 다른 환경과 새로운 시대에선 다르게 말하고 표현되어야 한다. 그렇기 때문에 지식에 대해 계속해서 서로 확인하면 더 정교하게 살아있는 지식으로 거듭난다. 유태인은 이 과정을 삶에서 숨 쉬듯이 하고 있는 민족이다.

이렇게 살아있는 지식을 갖고 살아가는 노력을 하는 것이 후손들에게 줄 수 있는 최고의 유산이다. 이런 노력을 하면 정체되지 않고 지식을 더욱 더 정교하게 만들어 가면서 사업도 크게 성공할 수 있고 가정에서의 행복과 만족감도 당연히 커진다.

난 유태인은 아니지만 이들과 닮아 있다고 생각한다. '인간은 무엇인가?', '인생은 무엇이고 어떻게 살아야 하는가?', '세상에서 가장 중요한 것은 무엇인가?' 등 본질적인 질문을 스스로에게 했고 스스로 계속 답을 하면서 결론을 낸 뒤에는 20대 초반부터 사람들에게 전하며 살아왔다.

20대에 집안의 큰 빚을 홀로 갚았다. 그게 가능했던 건 다 지식과 멘탈 덕분이었다. 어려운 시절에도 멈추지 않고 공부했고, 나를 단련했고, 사람들을 가르치면서도 나도 함께 성장해왔다. 그러다 보니 나는 늘 '멘토', '스승님'이라 불리며 살고 있는 것 같다. 앞으로도 수많은 사람들에게 영향을 주며, 이 책을 통해 또 다른 유산을 남기려 한다.

지식이란 입으로 설명할 수 있어야 하는 것이다. 나는 지식의 소중함을 믿는다. 그래서 지금까지도 매일 공부하고, 질문하고, 나눌 준비를 한다. 그리고 나의 후손들과 제자들이 이 지식들을 마음껏 쓸 수 있도록 해놓았다.

나는 26억 원이 넘는 사망보험금을 준비해 두었다. 하지만 그보다 더 귀한 유산은, 이 멘탈의 철학과 내가 치열하게 살아오며 얻은 지식들이다. 그게 내 후손들과 제자들에게 전해지리라 믿고, 그걸 가능하게 만들기 위해 매일을 살아간다.

이렇게 지식을 소중히 여기면 후손을 생각할 수밖에 없지만 지식의 소중함과 가치를 모르는 자는 내가 죽으면 그냥 끝인데 후손은 뭐 하러 챙기냐는 식의 저급한 생각을 한다. 이런 자들이 과연 행복을 제대로 느끼긴 했을까?

같은 민족인 당신에게 호소하고 싶다. 당신의 마음이 거짓이 아니고 진심이 되려면 반드시 당신이 지식을 갖추어야 한다고 말이다.

난 마음만 있다고 말하는 사람을 좋아하지 않는다. 마음은 보이지 않는다. 증명이 되어야 마음이 진짜란 것을 알 수 있다. 자녀를 사랑한다고 마음이 있다고 하는 이야기는 누구나 쉽게 말할 수 있다. 그러나 자녀를 사랑한다는 것이 과연 마음만으로 가능한가? 절대 아니다. 그 마음이 진짜가 되려면 정말로 치열하게 지식을 갖추려는 노력을 해야 한다.

멘탈과 지식만이 유산이다. 어떤 부모들은 자녀들에게 잘해주고 싶고 제대로 교육하고 싶었지만 그렇게 못한 채로 아이들에게 울면서 참회하듯이 말한다. "엄마(아빠)가 처음이어서 미안해." 그들은 뭔가를 망치기 전에 좋은 부모가 되고 싶었을 것이다. 다만 그들이 하지 않은 건 이미 좋은 부모가 되었던 분들의 책을 읽고 제대로 지식을 연마하지 않은 것이다.

이렇게 지식을 갖추지도 않은 자가 마음만은 알아달라고 하는 것이 얼마나 추한 것인가 느꼈으면 좋겠다. 그리고 반드시 지식을 제대로 갖추고 제대로 노력해서 자신의 후손에게 충분한 정신적 유산을 남길 수 있길 바란다. 그리고 이미 제대로 노력한 분들은 우리 민족에게까지도 좋은 영향을 주는 유산을 남길 수 있는 위대한 존재가 되어주시길 바란다.

부록

단 21일, 나를 다시 세우는 시간.
사람은 생각보다 쉽게 무너지고,
또 놀라울 만큼 쉽게 회복된다.
중요한 건, 그 회복의 리듬을 만드는 첫 21일이다.

이 노트는 당신에게 3주간 매일 한 문장을 통해
다시 일어서는 힘을 길러줄 것이다.
필사를 통해 마음의 소음을 정돈하고,
리더로서 흔들리지 않는 내면을 회복하자.

DAY 01

> 남들이 하지 않아서 나는 할 수 있고,
> 남들이 하지 않아도 나는 한다.
> 스스로를 움직이는 힘은 언제나 남이 아닌
> '내가 정한 기준'에서 나온다.

남들이 하지 않아서 나는 할 수 있고,

남들이 하지 않아도 나는 한다.

스스로를 움직이는 힘은 언제나 남이 아닌

'내가 정한 기준'에서 나온다.

🗨 오늘의 질문

오늘 나는 내 기준에 충실하며 움직였나?

💡 IDEA

🚀 ACTION

DAY 02

> 내면의 생각을 바꾸면
> 외부의 조건들까지 바꿀 수 있다.
> 모든 변화는 마음 안에서 시작되어
> 결국 현실을 바꾼다.

🍃 오늘의 질문

오늘 나를 제한한 생각은 무엇이며, 그것을 어떻게 바꾸려 했는가?

💡 IDEA

🚀 ACTION

DAY 03

[
인생은 고도의 집중과 몰입 상태를
내 분야에서 더 멋있게 잘 만들어내는 과정이다.
그 몰입이 쌓일 때,
비로소 타인의 삶에까지 영향을 줄 수 있다.
]

🐝 오늘의 질문

오늘 가장 몰입했던 순간은 언제였으며, 그 몰입이 나를 어디로 데려갔는가?

💡 IDEA

🚀 ACTION

DAY 04

[
지식이 없는 마음은 가짜다.
말할 수 있는 지식을 갖추고 행동하는 사람만이
진심이 있는 것이다.
실천 없는 앎은 허상이며, 실행된 지식만이 사람을 변화시킨다.
]

🖐 오늘의 질문

오늘 나는 어떤 지식을 행동으로 옮겼는가? 아니면 아직 미뤄두고 있는가?

💡 IDEA

🚀 ACTION

DAY 05

> 이 구구한 세상이 어찌 자네를 이해하겠는가.
> 자네가 그러한 세상으로 만들어야지.
> 세상을 원망하지 말고,
> 지금 이 자리에서 세상을 다시 써 내려가라.

✋ 오늘의 질문

오늘 어떤 상황에서 세상을 탓하려 했고, 그것을 내 책임으로 바꾸어냈는가?

💡 IDEA

🚀 ACTION

DAY 06

> 최고가 최초를 이길 수 없고,
> 최대가 최선을 이길 수 없다.
> 애초부터 최선을 다하는 것이 언제나 이기는 방법이다.
> 승부는 결과가 아니라 태도에서 이미 갈린다.

📖 오늘의 질문

오늘 나는 '결과'보다 '태도'에 집중했는가?

💡 IDEA

🚀 ACTION

DAY 07

[
일체유심조,
모든 것은 마음이 만들어 낸다.
현실은 해석의 산물이며,
감정은 곧 세상을 보는 렌즈다.
]

🐚 오늘의 질문

오늘 내 감정이 현실을 어떻게 움직였는가?

💡 IDEA

🚀 ACTION

DAY 08

> 세상의 진정한 주인공은
> 타인을 느끼게 하는 자다.
> 느낌은 기억을 남기고,
> 기억은 영향력을 만든다.

🗨 오늘의 질문

오늘 내 말과 행동이 누군가에게 어떤 감정을 남겼다고 생각하는가?

💡 IDEA

🚀 ACTION

DAY 09

> 자신이 원하는 것에만 집중하는 것이
> 성공을 위해 반드시 해야 하는 것이다.
> 의식은 곧 방향이다.
> 분산된 에너지는 성과를 낳지 않는다.

🍃 오늘의 질문

오늘 나의 에너지는 진짜 중요한 것에 쓰였는가, 아니면 흘러갔는가?

💡 IDEA

🚀 ACTION

DAY 10

> 원하는 것에 의식적으로 집중하지 못하면,
> 곧바로 원치 않는 것에 집중을 빼앗기게 된다.
> 집중은 선택이며,
> 선택하지 않으면 대신 세상이 당신을 선택할 것이다.

🍃 오늘의 질문

오늘 내가 집중하지 못했다면, 이유가 무엇이었는가?

💡 IDEA

🚀 ACTION

DAY 11

> 가장 중요한 것에 집중하고
> 그것을 타인에게 전도하는 삶을 살라.
> 진짜 영향력은 '가진 사람'이 아니라
> '나누는 사람'에게서 나온다.

🕮 오늘의 질문

오늘 나는 어떤 핵심 가치를 전달하려 노력했는가?

💡 IDEA

🚀 ACTION

DAY 12

[
나는 나를 충분히 사랑하고 인정하기에,
타인에게 그것을 갈구하지 않는다.
스스로를 완성한 사람만이
누군가의 온전한 거울이 될 수 있다.
]

🐾 오늘의 질문

오늘 나는 나를 얼마나 있는 그대로 인정했는가?

💡 IDEA

🚀 ACTION

DAY 13

> 내가 가면 길이 된다.
> 선택을 미루지 말고,
> 지금 바로
> 당신만의 흔적을 남겨라.

🦉 오늘의 질문

오늘 나는 어떤 결정으로 '새로운 길'을 만들었는가?

💡 IDEA

🚀 ACTION

DAY 14

[
오직
그리고 반드시 지식을 믿어라.
지식은 삶을 예측하게 하고,
준비된 자만이 흐름을 잡는다.
]

📝 오늘의 질문

내가 배운 지식 중, 오늘 실제로 활용한 건 무엇인가?

💡 IDEA

🚀 ACTION

DAY 15

> 성공하고 싶다면 미래의 성공한 자신의 모습을
> 지금 끌어다 쓰라.
> 미래를 살아낸 자처럼 오늘을 설계할 때,
> 현실은 그 궤도를 따라온다.

🗨 오늘의 질문

오늘 나는 어떤 상황에서 '미래의 나'를 그리며 행동했는가?

💡 IDEA

🚀 ACTION

DAY 16

[일단 자기 최면을 하고 나서
타인을 최면하라.
나의 신념이 흔들리면,
아무에게도 영향력을 줄 수 없다.]

🐌 오늘의 질문

오늘 내가 반복한 생각(자기 암시)은 무엇이었고, 그것이 나에게 어떤 영향을 미쳤는가?

💡 IDEA

🚀 ACTION

DAY 17

> 돈을 벌고 싶다면
> 타인의 문제를 제대로 해결하라.
> 가치는 해결력에서 나오며,
> 수익은 그 대가로 따라오는 법이다.

오늘의 질문

오늘 나는 누구의 어떤 문제를 해결하려 노력했는가?

IDEA

ACTION

DAY 18

> 성공은 흔적을 넘긴다.
> 말이 아니라
> 실천이 쌓여야
> 사람들은 믿음을 가진다.

🔖 오늘의 질문

오늘 내가 남긴 가장 분명한 실천의 흔적은 무엇인가?

💡 IDEA

🚀 ACTION

DAY 19

> 현재를 사랑하면
> 이해하지 못할 과거는 없다.
> 지금을 바꾸는 순간,
> 과거의 모든 상처는 이유로 바뀐다.

🖐 오늘의 질문

오늘 내가 받아들인 감정이나 과거의 기억은 무엇이었는가?

💡 IDEA

🚀 ACTION

DAY 20

> 위기의 순간에 멘탈이 무너지는 게 아니라,
> 멘탈이 약해지면 위기는 기회로 바뀌지 못한다.
> 멘탈은 상황을 바꾸기 전에,
> 나를 먼저 지켜주는 가장 강한 무기다.

🗨 오늘의 질문

오늘 찾아온 위기의 순간에 내 멘탈은 나를 어떻게 보호했는가?

💡 IDEA

🚀 ACTION

DAY 21

> 당신이 남길 최고의 유산은
> 돈이 아니라,
> 후손이 스스로 경제적 성취를 이루게 하는
> 지식과 멘탈이다.

🍃 오늘의 질문

나는 지금 내 자녀나 후손에게 어떤 정신적 유산을 남길 준비가 되어 있는가? 내가 이 세상에 기여할 수 있는 것은 무엇인가?

💡 IDEA

🚀 ACTION

결국, 멘탈

초판 1쇄 인쇄 | 2025년 7월 24일
초판 4쇄 발행 | 2025년 8월 11일

지 은 이	박세니
발 행 인	조찬우
펴 낸 곳	차선책

책임편집자	박태연
편 집 자	최지희 하윤정(율글)
디 자 인	김철 이현중
마 케 팅	비욘드콘택트 채성모
인　　쇄	㈜예인미술

출판등록	제2022-00056호
주소	서울특별시 송파구 풍성로 14길 31, 405호
전화	010-5832-4016 출간기획팀
이메일	thenextplanb@gmail.com
홈페이지	www.thenextplanb.co.kr
인스타그램	@thenextplan_official
트위터	@thenextplanb
블로그	blog.naver.com/@thenextplanb
유튜브	www.youtube.com/@thenextplan_B

ISBN | 979-11-993809-0-5 (03000)

- 저자와 맺은 특약에 따라 인지는 붙이지 않습니다.
- 이 책은 저작권법에 따라 보호를 받는 저작물이므로 무단전재와 복제를 금하며,
  이 책의 내용 전부 또는 일부를 사용하려면 반드시 저작권자의 서면 동의를 받아야 합니다.
- 잘못되거나 파손된 책은 구매하신 서점에서 교환해 드립니다.

"당신의 글이 우리의 다음 '차선책'이 됩니다."
도서 출판 차선책 출간기획팀 thenextplanb@gmail.com 메일로 소중한 원고를 보내주세요.